高职高专"十三五"规划教材·智慧港航系列

智慧堆场

ZHIHUI DUICHANG

张 敏 沈 阳 钱 芳 主 编

谭刘元 副主编

微信扫一扫

教师服务入口

微信扫一扫

学生服务入口

南京大学出版社

内容简介

港口是各种运输方式与信息融合的节点,其智能化建设已成为提升核心竞争力的重要手段。由此,必须要加快培育一支能够服务于集装箱场站和内陆港的现代化人才队伍,从而满足当前港口物流业的发展需要。

基于以上考虑,本书推出以智能场站业务为对象,以任务驱动为模式的课程内容。工作任务在实操系统的基础上,以集装箱为操作对象,进出场作业为业务内容,设计为3个实训层次,分别是初级、中级、高级。让读者由浅入深,由整体到局部,由流程入细节地了解并掌握集装箱场站和内陆港的岗位作业流程及相关技术。

本书的读者对象为港口与航运管理、集装箱运输管理及相关专业的职业院校学生,以及集装箱场站和内陆港的相关从业人员。

图书在版编目(CIP)数据

智慧堆场 / 张敏,沈阳,钱芳主编.-- 南京:南京大学出版社,2018.4
高职高专"十三五"规划教材. 智慧港航系列
ISBN 978-7-305-20083-0

Ⅰ. ①智… Ⅱ. ①张… ②沈… ③钱… Ⅲ. ①集装箱码头-港口管理-高等职业教育-教材 Ⅳ.①U656.106

中国版本图书馆 CIP 数据核字(2018)第 061687 号

出版发行　南京大学出版社
社　　址　南京市汉口路 22 号　　　　邮　编　210093
出版人　金鑫荣

书　　名　**智慧堆场**
主　编　张敏　沈阳　钱芳
策划编辑　胡伟卷
责任编辑　胡伟卷　蔡文彬　　　　编辑热线　010-88252319

照　排　北京圣鑫旺文化发展中心
印　刷　丹阳兴华印刷厂
开　本　787×1092　1/16　　印张 11.5　字数 294 千
版　次　2018 年 4 月第 1 版　　2018 年 4 月第 1 次印刷
ISBN 978-7-305-20083-0
定　价　32.00 元

网　　址:　http://www.njupco.com
官方微博:　http://weibo.com/njupco
官方微信号:　njuyuexue
销售咨询热线:(025)83594756

前　言

随着港口间的竞争愈演愈烈，如何争取到更广阔的经济腹地和货源是港口经营者要面对的很重要的课题。国家实施的向中西部转移的经济战略，也使内陆地区经济获得了一个良好的发展机遇——当地外贸企业渴望在本地就能实现"一关三检"；将货物运出去，当地政府也希望有一个这样的平台为招商引资，发展经济创造条件。在这种外部环境的拉动和内部需求的驱动下，无水港（也名"干港"）——一种建在内陆地区但具有与沿海港口基本相似功能的现代物流中心应运而生。

无水港是沿海港口所参与的供应链的一个重要环节，通过内陆无水港，可以形成以港口为节点的内陆集疏运物流网络体系，具备除装卸船以外港口的所有功能，使得港口功能向内陆腹地延伸。

智慧堆场课程通过应用由上海海事大学承接并开发的一套基于云计算架构的无水港集疏运一体化信息系统（简称CYOS），主要培养学生对无水港各种堆场的各种业务的操作能力。本书工作任务的设计源自上海、天津、万州等港口和物流企业，其教学水平定位在作业管理的层次上，区别于决策管理。

根据教学需要，工作任务在实操系统的基础上设计为3个实训层次，分别是初级、中级、高级，使学生由浅入深，由整体到局部，由流程到细节地了解并掌握堆场相关的岗位作业流程及相关技术。

1. 初级实训的目标以流程认知为主。以单个集装箱或小批量为操作对象，进出场作业为操作内容，使学生通过流程化的系统实际作业了解内陆堆场生产作业的基本内容、基本流程，以及不同作业所涉及的岗位和岗位之间的信息流转先后顺序与依赖性等，进而了解内陆堆场内部物流的运作管理模式。

2. 中级实训是要在学生熟悉各种业务作业流程的基础上，以一批集装箱（非单箱）为操作对象，在各种业务混杂作业环境下，使学生能够有针对性地学习和掌握各个岗位的工作内容、作业原则、作业方法和注意事项等，进一步认识岗位在整体流程中所处环节的重要性。

3. 高级实训的目的是以经验积累为主。内陆堆场的生产运作远不同于流水线作业，集装箱进出场的无序性、生产过程的随机性、非正常流程的突发性等使得"经验"成为部分岗位上操作者的必备条件。高级实训部分正是针对这些较为复杂的、不规律性的、突发性的业务或情况进行应对训练，从而帮助学生理解内陆堆场生产组织管理的主要原则和方法。以真实的情景模拟内陆堆场各部门之间的协同作业，让学生可以分组协同合作，在完成工作任务的基础上实现优化作业。

本教材由天津海运职业学院张敏、上海海事大学沈阳、青岛远洋船员学院钱芳担任主编，天津海运职业学院谭刘元担任副主编。张敏负责全书统稿，并完成各任务中"相关知识"

"任务实施"部分的编写和"数字化运营"部分的内容补充;沈阳负责完成各任务中"数字化运营"部分的编写;钱芳负责完成各任务中"任务引入""任务分析"的编写和"数字化运营"部分的内容补充;谭刘元负责完成各任务中"任务测评"、附录部分的编写和"数字化运营"部分的内容补充;天津海运职业学院张明齐,上海海事大学徐子奇、赵宁,天津港物流发展有限公司班宏宇,大连航运职业技术学院杨凯,深圳职业技术学院张兆民,大连港湾集装箱码头有限公司吕媛媛,大连港散粮码头公司罗永亮,交通运输部科学研究院罗凯,天津电子信息职业技术学院关剑,沧州职业技术学院姚玉兵,福建船政交通职业学院吴闽真,芜湖职业学院孙磊,泉州海洋学院郑小金,南通航运职业学院郭海涛等多位教师、专家共同参与了研究和审定。

本教材在编写过程中有幸得到上海海事大学、天津港物流发展有限公司、大连港湾集装箱码头有限公司、大连港散粮码头公司、天津港港航研究中心、天津港一公司、天津港四公司、中远散货运有限公司、中海华北物流有限公司、中通物流有限公司、敦豪散货和项目运输(中国)有限公司、上海国际航运研究中心等多家单位工作人员的鼎力相助,在此一并表示感谢!

由于编写过程时间仓促,加之编者水平有限,凡有不妥之处,请读者批评指正。

编　者

2018 年 3 月

目　录

第一篇

初级实训

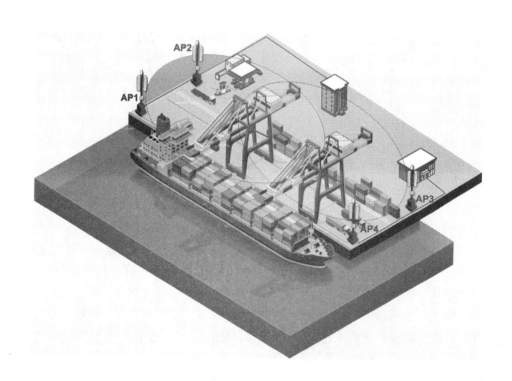

任务一

集装箱箱号编制

知识目标

    1. 能说出集装箱箱号的组成。

    2. 能说出集装箱箱号各代码的含义。

    3. 能说出集装箱箱号的编制方法。

能力目标

    1. 能够计算集装箱的核对数字。

    2. 能编制至少 10 个集装箱箱号。

任务引入

    某集装箱堆场营业厅接单员正在接待一位客户。接单员正在审核这位客户填写的业务申请汇总表(见表 1 - 1)。请模拟营业厅接单员核对客户填写的箱号信息,完成预录工作。

表 1 - 1　业务申请汇总

编　号	1	2	3
箱号	CBHA3558651	CBHU3514652	CBHU210144
尺寸/ft	20	40	20
重/空	重	重	重
箱型	普箱	普箱	普箱
持箱人	中远	中远	中远
毛重/kg	86 000	15 000	13 000
提单号	JJCJ1108601	JJCJ1108607	JD1701070008
船名	阿尔伯特	阿尔伯特	阿尔伯特
航次	DD	0907	0710
航线	西安班列	西安班列	西安班列
箱主	爱天易	爱天易	爱天易
内外车队	外	外	内
交付条款	CY	CY	CY
起运地点	贵隆	贵隆	贵隆

任务分析

接单员隶属于集装箱堆场营业厅,负责接收营业厅收到的客户资料,细心做好接单信息登记——每一张单证都要与接单信息认真核对,避免出现与客户要求相左的差错。接单信息登记、填写生产订单、订单录入计算机等应规范、及时、准确,避免因差错造成工作被动及经济损失。所有原始单据应整理存档,妥善保管,以便查阅。

相关知识

一、集装箱类型

下面介绍集装箱的几种类型。

(一) 干货集装箱

干货集装箱(见图1－1)通常用来装运文化用品、化工用品、电子机械、工艺品、医药、日用品、纺织品及仪器零件等。不受温度变化影响的各类固体散货、颗粒或粉末状的货物都可以用这种集装箱装运。这种集装箱占集装箱总数的70%~80%。

图1－1 干货集装箱

(二) 冷藏集装箱

冷藏集装箱(见图1－2)分外置式和内置式两种,温度可在－28℃~＋26℃之间调整。内置式集装箱在运输过程中可随意启动冷冻机,使集装箱保持指定温度;外置式集装箱必须依靠集装箱专用车、船和专用堆场,以及车站上配备的冷冻机来制冷。这种集装箱适合在夏天运输黄油、巧克力、冷冻鱼肉、炼乳、人造奶油等物品。

图 1-2　冷藏集装箱

（三）开顶集装箱

开顶集装箱(见图 1-3)没有刚性箱顶,但有可折叠式或可折式顶梁支撑的帆布、塑料布或涂塑布制成的顶篷,其他构件与通用集装箱类似。这种集装箱适用于装载大型货物和重货,如钢铁、木材,特别是像玻璃板等易碎的重货,利用吊车从顶部吊入箱内不易损坏,而且也便于在箱内固定。

图 1-3　开顶集装箱

起重机从箱顶上面装卸货物,装运时用防水布覆盖顶部,其水密要求与干货箱一样。

（四）保温集装箱

保温集装箱(见图 1-4)的箱内有隔热层,箱顶有能调节角度的进出风口,可利用外界空气和风向来调节箱内温度,紧闭时能在一定时间内不受外界气温影响。这种集装箱适合装运对温湿度敏感的货物。

图1-4 保温集装箱

（五）框架集装箱

框架集装箱(见图1-5)没有箱顶和侧壁,甚至连端壁也去掉,只有底板和4个角柱。这种集装箱可以从前后、左右及上方进行装卸作业,适合装载长大件和重货件,如重型机械、钢材、钢管、木材、钢锭等。这种集装箱没有水密性,怕水湿的货物不能装运,或者要用帆布遮盖装运。

图1-5 框架集装箱

（六）牲畜集装箱

牲畜集装箱(见图1-6)是一种装运鸡、鸭、鹅等活家禽和牛、马、羊、猪等活家畜用的集装箱。为了遮蔽太阳,箱顶采用胶合板露盖,侧面和端面都有用铝丝网制成的窗,以求有良好的通风。侧壁下方设有清扫口和排水口,并配有上下移动的拉门,可把垃圾清扫出去,而且还装有喂食口。牲畜集装箱在船上一般应装在甲板上,因为甲板上空气流通,便于清扫和照顾。

图 1-6　牲畜集装箱

（七）罐式集装箱

罐式集装箱（见图 1-7）是专门用来装运酒类、油类（如动植物油）、液体食品及化学品等液体货物的集装箱，还可以装运其他液体等危险货物。这种集装箱有单罐和多罐数种，罐体四角由支柱、撑杆构成整体框架。其结构是在一个金属框架内固定一个液罐。

图 1-7　罐式集装箱

（八）平台集装箱

平台集装箱（见图 1-8）形状类似铁路平板车，适合装超重超长货物——长度可达 6 m以上，宽 4 m 以上，高 4.5 m 左右，质量可达 40 M/T（公吨）。两台平台集装箱可以联结起来，装 80 M/T 的货物。用这种箱子装运汽车极为方便。

图 1-8　平台集装箱

（九）通风集装箱

通风集装箱(见图1-9)用来装运水果、蔬菜等不需要冷冻而具有呼吸作用的货物,箱壁有通风孔,内壁涂有塑料层。在端壁和侧壁上设有通风孔的集装箱,如将通风口关闭,同样可以作为干货集装箱使用。

图1-9　通风集装箱

（十）散货集装箱

散货集装箱(见图1-10)是一种密闭式集装箱,有玻璃钢制和钢制两种。前者由于侧壁强度较大,故一般装载麦芽和化学品等相对密度较大的散货,后者则用于装载相对密度较小的谷物。

散货集装箱顶部的装货口应设水密性良好的盖,以防雨水侵入箱内。一般在顶部设有两三个小舱口,以便装货;底部有升降架,可升高成40°的倾斜角,以便卸货。这种箱子适合装粮食、水泥等散货。如果要进行植物检疫,还可在箱内熏舱蒸洗。

图1-10　散货集装箱

（十一）散装粉状货集装箱

散装粉状货集装箱（见图1－11）与散货集装箱基本相同,但装卸时使用喷管和吸管。

图1－11 散装粉状货集装箱

（十二）挂式集装箱

挂式集装箱（见图1－12）是适合装运服装类商品的集装箱。这种集装箱的特点是,在箱内侧梁上装有许多根横杆,每根横杆上垂下若干条皮带扣、尼龙带扣或绳索,成衣利用衣架上的钩,直接挂在带扣或绳索上。这种服装装载法属于无包装运输,不仅节约了包装材料和包装费用,而且减少了人工劳动,提高了服装的运输质量。

图1－12 挂式集装箱

（十三）汽车集装箱

汽车集装箱（见图1-13）是一种运输小型轿车的专用集装箱。其特点是在简易箱底上装一个钢制框架。这种集装箱分为单层和双层两种。因为小轿车的高度为1.35~1.45 m，如果装在8 ft的标准集装箱内，其容积要浪费2/5以上，所以出现了双层集装箱。这种双层集装箱的高度有两种：一种为10.5 ft，一种为8.5 ft高的2倍。因此，汽车集装箱一般不遵循国际标准。

图1-13　汽车集装箱

（十四）其他用途集装箱

集装箱的应用范围越来越广泛，不但用于装运货物，还广泛用于其他用途，如图1-14所示。

图1-14　其他用途集装箱

① 流动电站集装箱。这种集装箱可在一个20 ft内配置一套完整的发电机组，装满燃油

后可连续发电 96 h, 供应 36 只 20 ft 或 40 ft 冷藏集装箱的用电。

②流动舱室集装箱、流动办公室集装箱。这种集装箱可在一个 20 ft 的集装箱内装备舒适的居室和办公室。

美国已研制成了由若干只 20 ft 的集装箱组成的"战地医院"(见图 1 - 15), 有几十个床位, 配有药房、化验室、手术室、护理室等, 可用 C130 运输机运输, 在战地迅速布置。

图 1 - 15　集装箱组成的"战地医院"

随着国际贸易的发展, 商品结构不断变化, 今后还会出现各种不同类型的专用或多用集装箱。

二、集装箱标记

为了便于对集装箱在流通和使用中的识别和管理, 便于单据编制和信息传输, 国际标准化组织制定了集装箱标记, 此标准即 ISO 6346—1981(E)《集装箱的代号、识别和标记》。集装箱外部尺寸、容积及箱型如表 1 - 2 所示。

表 1 - 2　集装箱外部尺寸、容积及箱型

箱　型 尺　寸	1 t 箱	10 t 箱	20 ft 箱	40 ft 箱
长/mm	830	2 921	5 867	12 192
宽/mm	1 264	2 402	2 330	2 438
高/mm	1 150	2 396	2 350	2 591
体积/m³	1. 21	16. 81	32. 10	76. 3
载重/kg	825	8 382	18 288	27 490

箱体内部尺寸如表 1 - 3 所示。

表1-3　箱体内部尺寸　　　　　　　　　　　　　　mm

	干货(dry)箱			冷藏(reefer)箱			开顶(open top)箱			框架(flat rack)箱		
	L(长)	W(宽)	H(高)	L(长)	W(宽)	H(高)	L(长)	W(宽)	H(高)	L(长)	W(宽)	H(高)
20 ft	5 890	2 350	2 390	5 435	2 286	2 245	5 900	2 330	2 337	5 628	2 178	2 159
40 ft	12 029	2 350	2 393	11 552	2 266	2 200	12 025	2 330	2 337	11 762	2 178	1 986
HC *	12 029	2 352	2 698	11 558	2 286	2 505	—	—	—	—	—	—

* 表示高箱

2. 箱体内容积及载质量

箱体内容积及载质量如表1-4所示。

表1-4　箱体内容积及载质量

	干货箱		冷藏箱		开顶箱		框架箱	
	Du/m³	P/kg	Du/m³	P/kg	Du/m³	P/kg	Du/m³	P/kg
20 ft	33.1	21 740	27.5	21 135	32.6	21 740	—	27 800
40 ft	67.7	26 630	58.7	26 580	65.8	26 410	—	40 250
HC	76.3	26 600	66.1	26 380	—	—	—	—

3. 各类箱箱号首位数的含义

各类箱箱号首位数的含义如表1-5所示。

表1-5　各类箱箱号首位数的含义

	干货箱					冷藏箱				开顶箱	框架箱
20 ft	0	3	5	6	8	22	23	25	26	52	92
40 ft		1		4	7	20	21	24	27	54	94
HC			96					29			

箱门开度尺寸如表1-6所示。

表1-6　箱门开度尺寸　　　　　　　　　　　　　　mm

干货箱					
20 ft		40 ft		HC	
W	H	W	H	W	H
2 340	2 280	2 340	2 280	2 340	2 585

国际标准化组织规定的标记有必备标记和自选标记两类,每一类标记中又分识别标记和作业标记。

(一)必备标记

1. 识别标记

它具体包括箱主代号、顺序号和核对数字。

2. 作业标记

它包括以下3个内容。

① 额定质量和自定质量标记。额定质量即集装箱总重,自定质量即集装箱空箱质量,

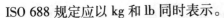

ISO 688 规定应以 kg 和 lb 同时表示。

②空陆水联运集装箱标记。由于该集装箱的强度仅能堆码两层,因此国际标准化组织对该集装箱规定了特殊的标记。该标记为黑色,位于侧壁和端壁的左上角,并规定标记的最小尺寸为高 127 mm、长 355 mm,字母标记的字体高度至少为 76 mm。

③登箱顶触电警告标记。该标记为黄色底黑色三角形,一般设在罐式集装箱和位于登上箱顶的扶梯处,以警告登箱者有触电危险。

(二)自选标记

1. 识别标记

它包括以下两项。

①国家和地区代号,如中国用 CN、美国用 US。

②尺寸和类型代号(箱型代码)。

2. 作业标记

它具体包括以下两项。

①超高标记。该标记为在黄色底上标出黑色数字和边框。此标记贴在集装箱每侧的左下角,距箱底约 0.6 m 处,并贴在集装箱主要标记的下方。凡高度超过 2.6 m 的集装箱均应贴上此标记。

②国际铁路联盟标记。凡符合《国际铁路联盟条例》规定的集装箱,均可以获得此标记。该标记是在欧洲铁路上运输集装箱的必要通行标记。

(三)通行标记

集装箱在运输过程中能顺利地通过或进入他国过境,箱上必须贴有按规定要求的各种通行标记。否则,必须办理烦琐的证明手续,从而延长集装箱的周转时间。

集装箱上主要的通行标记有安全合格牌照、集装箱批准牌照、防虫处理板、检验合格徽及国际铁路联盟标记等。

三、集装箱箱号的构成

如图 1-16 所示,集装箱上有箱主代号、箱号或顺序号、核对数字、集装箱尺寸及类型代号。

图1-16 集装箱标号

标准集装箱箱号由11位编码组成,包括3个部分。

① 第一部分由4位英文字母组成。前3位为箱主代号,是集装箱所有人向国际集装箱局登记注册的3个大写的英文字母表示,如中远集团自有箱的箱主代号之一是COS。第4位为识别代号,是紧接着箱主代号的英文字母,用以表示集装箱的类型。最常见的是U,用于表示所有常规的集装箱。另外,J表示带有可拆卸的集装箱;Z表示集装箱的拖车和底盘车。

② 第二部分是箱号,由6位数字组成,是一个集装箱箱体持有的唯一标志。如果有效数字不是6位,则在有效数字前用0补足6位,以区别于同一箱主的集装箱,如000789。

③ 第三部分为核对数字,又称校验码,是用来核对箱主代号和箱号记录是否准确的依据。它位于箱号后,以1位阿拉伯数字加一方框表示(但在单证上无须加方框),即第11位数字。

核对数字仅包含1位数。它不是由箱主公司制定的,而是按规定的计算方法算出的,用来检验、核对箱主代号和箱号在数据传输或记录时的正确性与准确性,与箱主代号和箱号有直接的关系。实践中是通过箱主代号和箱号计算出校验码的,如果计算出的校验码与实际记录的校验码一致,说明箱主代号和箱号在数据传输或记录时未出错,否则应重新核对。

四、核对数字的计算方法

将表示箱主代号的4位字母转换成相应的等效数值,字母和等效数值的对应关系如表1-7所示。从表中可以看出,去掉了11及其倍数(22、33)的数字,这是因为后面的计算将把11作为模数。

表1-7 核对数字计算中箱主代号的等效数值

字 母	A	B	C	D	E	F	G	H	I	J	K	L	M
等效数值	10	12	13	14	15	16	17	18	19	20	21	23	24
字 母	N	O	P	Q	R	S	T	U	V	W	X	Y	Z
等效数值	25	26	27	28	29	30	31	32	34	35	36	37	38

将前4位字母对应的等效数值和后面箱号的数字采用加权系数法进行计算求和。其计

算公式为:

$$S = \sum_{i=0}^{9} C_i \times 2^i$$

$$余数 = S \text{ MOD } 11$$

最后,用 S 除以模数 11,取其余数,即得核对数字。

例　集装箱的箱主代号和箱号为 ABZU123456,求其核对数字。

1) 该箱号的等效数值加权系数、乘积之和可列表求得,如表 1-8 所示。

2) 从表中得乘积之和为 5 578,除以模数 11,即 5 578 /11 =507 余数 1。当余数为 1 时,核对数字为 1。

表 1-8　核对数字的计算

名　称	代　号	等效数值	加权系数值	乘　积
箱主代号	A	10	2 的 0 次方	10
	B	12	2 的 1 次方	24
	Z	38	2 的 2 次方	152
	U	32	2 的 3 次方	256
顺序号	1	1	2 的 4 次方	16
	2	2	2 的 5 次方	64
	3	3	2 的 6 次方	192
	4	4	2 的 7 次方	512
	5	5	2 的 8 次方	1 280
	6	6	2 的 9 次方	3 072
合　计	—	—	—	5 578

如果余数为 10,则取 0 为核对数字。这是理论上的计算方法,在实际应用中,可以通过查表的方法获得。

下面介绍用 Excel 函数运算核对数字的实例,如图 1-17 所示。

箱号核算小程序									
请输入箱主代号(大写字母)				请输入箱号(数字)					输入核对数字
C	S	U	1	2	3	4	5	6	0
箱主代号等效数值				每一位箱号均在0~9数值之间					计算核对数字
13	26	30	32	1	2	3	4	5	6	0
对应的加权系数值(即权值)									验证箱号
1	2	4	8	16	32	64	128	256	512	箱号正确 √
核对数字计算原理:箱号前10位的等效数值与对应权值相乘之后求和,所得和数对11取横,所得余数即为核对数字									

图 1-17　用 Excel 函数运算核对数字

任务实施

(一)涉及工作人员

本任务的实施涉及的工作人员:进场计划员。

（二）工作内容

集装箱堆场营业厅的接单员在处理客户业务时，需要对集装箱的箱号进行系统核验，以确定集装箱箱号的正确性。软件系统核验的原理，就是通过计算核对数字与实际录入的集装箱箱号最后一位数值进行对比，如果相同，则校验通过，录入正确；如果不同，则校验失败，录入有误。

本任务中，经过系统校验，业务申请单中编号为 1 的集装箱箱号填写有误，CBHA3558651中的第 4 位应为 U；业务申请单中编号为 2 的集装箱箱号填写有误，CBHU3514652的校验位计算后应为 9，而不是 2，因此正确的箱号应为 CBHU3514659；业务申请单中编号为 3 的集装箱箱号填写有误，CBHU210144 共 10 位，而非 11 位，因此该箱号填写不完整，如果前面各位数字填写无误，正确的集装箱箱号应为 CBHU2101440。

数字化运营

由上海海事大学自主研发的港航现代物流实务操作套装实训系统涵盖了船代、货代、集装箱码头、件杂货码头、内陆堆场、CFS 货运站、EDI 处理 7 个子系统。这些子系统之间通过电子数据交换（EDI）技术进行信息互通，真正形成了港航现代物流的供应链体系。堆场生产管理系统登录窗口如图 1-18 所示。

图 1-18　堆场生产管理系统登录窗口

1）单击"进箱预录"菜单项，打开"EDI 导入""EXCEL 导入""手工录入""预录信息修改""无箱号预录"子菜单，如图 1-19 所示。

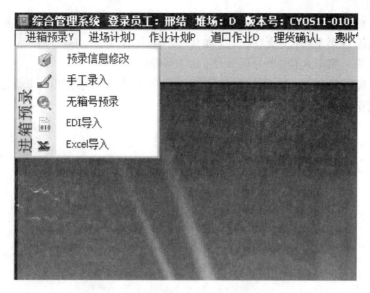

图1-19 堆场生产管理系统操作窗口

2）选择"手工录入"命令,打开"进场信息手工录入"对话框,左侧是计划区,包括计划编号、数量,如图1-20所示。将操作区显示红色的信息录入完毕后,单击"保存"按钮,预录成功。

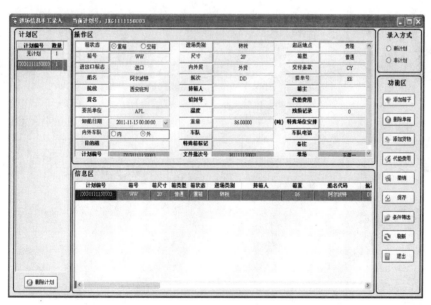

图1-20 手工录入

任务测评

按照如下命名要求,自行编制10个不同的集装箱箱号。

1. 集装箱箱号第 1~3 位:取本人姓名前 3 个字的拼音首字母(不足 3 位,用 A 补齐)。

2. 集装箱箱号第 5、6 位:所在班级(如 03 或 04,不足 2 位,用 0 补齐)。

3. 集装箱箱号第 7、8 位:学号后 2 位(如学号 09)。

4. 集装箱箱号第 9、10 位:所编制集装箱的顺序数(如 01 表示第一个集装箱)。

5. 集装箱箱号第 11 位:计算核对数字。

任务二

集装箱堆场策划

知识目标

1. 能说出集装箱堆场的编码方式。
2. 能说出集装箱堆场的策划方法。

能力目标

1. 能够为即将入场的集装箱分配合适的场位。
2. 能够利用系统软件为集装箱制订堆场计划。

任务引入

供出口集装箱堆存的 A 区示意图如图 2-1 所示,每个格子代表可以堆存40 ft 集装箱(或2 个20 ft 集装箱)的箱位,其中格子里的数字表示目前堆存的高度(以集装箱的个数为单位)。

普通重箱区							普通空箱区					
							2	3	5	5	4	3
							2	3	5	5	4	3
							2	3	5	5	4	3
							2	3	5	5	4	3
2	3	5	5	4	3		2	3	5	5	4	3
2	3	5	5	4	3		2	3	5	5	4	3
2	3	5	5	4	3		2	3	5	5	4	3
2	3	5	5	4	3		2	3	5	5	4	3
2	3	5	5	4	3		2	3	5	5	4	3
冷藏货柜区							危险品货柜区					

图2-1 码头堆场A区

堆场计划员于3 月5 日接到一批集装箱的进场堆存任务,具体情况如表2-1 所示。

表 2-1 堆存任务信息

箱 号	船名/航次	开仓日	截关日	预约进场日	备 注
TGHU6234653	ESTAR/068	3-8,MAR	8,MAR	3,MAR	40 ft H 空
COSU3656281	ESTAR/068	3-8,MAR	8,MAR	5,MAR	20 ft 冷藏
TGHU3514652	ESTAR/068	3-8,MAR	8,MAR	3,MAR	40 ft H 空
COSU2316283	HANJIN/0236	1-6,MAR	6,MAR	5,MAR	20 ft 冷藏
HANU1326581	HANJIN/0236	1-6,MAR	6,MAR	2,MAR	40 ft 重
HANU1386257	HANJIN/0236	1-6,MAR	6,MAR	2,MAR	20 ft 重

试根据集装箱进场堆存的具体情况,做出堆场策划,内容包括:

① 这批集装箱应分别存放在哪些区域? 区位如何分配?

② 这批集装箱应如何堆存,存放过程中应注意哪些问题?

任务分析

随着集装箱运输的迅速发展,日益增长的集装箱吞吐量给港口规模和港口物流效率提出了新的挑战,同时也对作为港口堆存集装箱的主要场所的集装箱堆场提出了新的、更高的要求,其物流速度直接影响前方港口的物流效率及作业能力。

现阶段所面临的影响效率的主要因素如下几个。

1. 翻箱作业

① 堆场作业过程中存在的翻箱作业问题影响了集装箱码头堆场作业效率。

② 安排出口箱进场计划时进行的分吨与配载要求不一致造成出口箱装船作业时的翻箱。

③ 进口箱卸船时新箱压老箱造成进口箱提箱作业时的翻箱。

④ 船舶配载员与船舶控制员在船舶作业次序思路上的不一致造成装船发箱时的翻箱。

2. 作业冲突

① 堆场作业过程中存在的作业冲突问题影响了集装箱码头堆场作业效率。

② 出口箱进箱和装船发箱之间的作业冲突。

③ 进口箱提箱和卸船收箱之间的作业冲突。

④ 中转箱卸船收箱和装船发箱时的作业冲突。

3. 堆场利用率低下

为了避免轮胎吊(RTG)冲突,减少翻箱,提高作业效率,提高堆场利用率,需要制订堆场策划。

相关知识

所谓集装箱堆场,顾名思义是堆放集装箱的场所,同时也是临时保管和向货主交接集装箱的地方。

一、业务职能

集装箱堆场的主要业务工作是办理集装箱的装卸、转运、装箱、拆箱、收发、交接、保管、堆存、搬运，以及承揽货源等。此外，还有集装箱的修理、冲洗、熏蒸和有关衡量等工作。

以港口集装箱堆场为例，其主要业务如下。

1. 集装箱堆存和保管

集装箱进场后，场站应按双方协议规定，按照不同的海上承运人将空箱和重箱分别堆放。空箱按完好箱和破损箱、污箱、自有箱和租箱分别堆放。

场站应对掌管期限内的集装箱和箱内货物负责，如有损坏或灭失由场站承运人负责。未经海上承运人同意，场站不得以任何理由将堆存的集装箱占用、改装或出租，否则应负经济责任。

场站应根据中转箱发送的目的地的不同分别堆放，并严格按承运人的中转计划安排中转，避免倒箱、等待吊装等情况出现，影响转运。

2. 集装箱的交接

发货人和集装箱货运站将由其或其代理人负责装载的集装箱货物运至码头堆场时，设在码头堆场的闸口对进场的集装箱货物核对订舱单、码头收据、装箱单、出口许可证等单据。同时，还应检查集装箱的数量、编码、铅封号码是否与场站收据记载相一致，箱子的外表状况和铅封有无异常情况。如果发现有异常情况，门卫应在堆场收据栏内注明；如果异常情况严重，会影响运输的安全，则应同有关方联系后，再决定是否接受这部分货物。对进场的集装箱，堆场应向发货人、运箱人出具收据。

3. 制订堆场作业计划并作业

堆场作业计划是对集装箱在堆场内进行装卸、搬运、储存、保管的安排，是基于经济、合理地使用码头堆场和有计划地进行集装箱装卸工作而制订的。堆场作业计划的主要内容如下。

① 集港作业。加强堆场前期的信息追踪和收箱系统分析是非常必要的。堆场收箱是船舶装船作业的开始，堆场计划直接影响着后面的配载计划和装船。专门的堆场计划员应对场地进行规划与整理，对场地的管理有一个统筹规划。堆场计划员在收箱前应充分考虑船舶出口箱量特点，制定集港时间；掌握不同航线不同船舶的出口箱的特点，如箱量、箱型、质量等级的分布，根据具体情况分配场位，制定相应的收箱规则，合理堆码。对于特种箱，如危险品箱，在非夏季确保安全的情况下采用单独集中堆码和不同危险等级的危品隔离堆码两种方式，从而减少集装箱搬运频率，降低装船过程中的倒箱率，提高装船效率。

② 进口作业。合理运用堆场，在卸船前掌握空重箱箱量和流向情况，摸清中转量及二程船的信息，进行分空重、分箱型堆码，并制订堆场的作业计划，减少提箱过程中的倒箱。对外提箱做好催提工作，减少进口箱在场堆存时间，从而提高堆场的利用率。

③ 研究多种能提高作业效率的方法，如双箱堆场计划、边装边卸等，合理配置资源，统筹安排进出口作业堆场，减少作业过程中拖车绕场跑位，缩短作业时间，从而提高效率。

4. 对特殊集装箱的处理

对堆存在场内的冷藏集装箱应及时接通电源，每天还应定时检查冷藏集装箱和冷冻机的工作状况是否正常,箱内温度是否保持在货物所需要的限度内,在装卸和出入场内时,应及时切断电源。

对于危险品集装箱,应根据可暂时存放和不能存放两种情况分别处理:对于能暂存的货箱应堆存在有保护设施的场所,而且堆放的数量不能超出许可的限度;对于不能暂存的货箱应在装船预定时间内,进场后即装上船舶。

5. 协调和处理好与船公司的业务关系

集装箱码头应保证:

① 根据船期表提供合适的泊位。

② 船舶靠泊后,及时提供足够的劳力与机械设备,以保证装船速度。

③ 提供足够的场所,保证集装箱作业与堆存空间。

④ 适当掌握和注意船方设备,不违章操作。

船公司应保证:

① 向码头确保船期,在船舶到港前一定时间提出确实到港通知。如果发生船期改变,则应及时通知码头。

② 装船前 2~10 天提供出口货运资料,以满足堆场制订堆场计划、装船计划的需要。

③ 应及时提供船图,以保证正常作业。

二、集装箱堆场相关术语

是否对集装箱堆场进行科学有效的管理会直接影响到堆场管理者的经济利益。业务模式的差异使得前后方堆场的服务功能有显著的差异,下面简要地介绍集装箱堆场相关的名词及后方集装箱堆场的业务过程。

(一)集装箱前方堆场

集装箱前方堆场(marshalling yard)是在集装箱码头前方,为加速船舶装卸作业,暂时堆放集装箱的场地。其作用是:当集装箱船到港前,有计划、有次序地按积载要求将出口集装箱整齐地集中堆放,卸船时将进口集装箱暂时堆放在码头前方,以加速船舶装卸作业。

(二)集装箱后方堆场

集装箱后方堆场(backup yard)是集装箱重箱或空箱进行交接、保管和堆存的场所。有些国家对集装箱堆场并不分前方堆场或后方堆场,统称为堆场。集装箱后方堆场是集装箱装卸区的组成部分,是集装箱运输"场到场"交接方式的整箱货办理交接的场所(实际上是在集装箱装卸区"大门口"进行交接的)。

(三)集装箱计算单位

集装箱计算单位(Twenty-feet Equivalent Units,TEU)又称 20 ft 换算单位,是计算集装箱箱数的换算单位。目前,各国大部分集装箱运输都采用 20 ft 和 40 ft 长的两种集装箱。为使集装箱箱数计算统一化,把 20 ft 集装箱作为一个计算单位,40 ft 集装箱作为两个计算单位,以便统一计算集装箱的运营量。

（四）移箱

移箱是为对某一集装箱进行作业,而将影响其作业的另一集装箱搬移到其他贝的作业。它是移位的一种。

（五）倒箱

倒箱是为对某一集装箱进行作业,而将影响其作业的另一集装箱暂时搬移,待该作业完成后,将另一集装箱再回归原贝的作业。它也是移位的一种。

（六）铺空

铺空是移位的一种,专指空箱从堆存区到装箱区的移位。

（七）铺重

铺重是移位的一种,专指重箱从堆存区到拆箱区的移位。

（八）归垛

归垛是移位的一种,专指从其他功能区到堆存区的移位,包括空箱、重箱。空箱归垛是指拆空的箱子归垛进箱贝,其他归垛的箱子进出箱贝(进出箱贝的指定可以设置是否自动化);如果不能满足该条件,则根据规划原则找箱位;重箱归垛是指备箱员确定哪些箱子需要归垛,并指定贝位。

（九）并垛

并垛是移位的一种,专指将某一功能区内的多贝集装箱合并成一贝(从并垛中选择一个贝,而不是新的贝)的移位。

（十）铺残

铺残是移位的一种,专指从残箱堆存区移至修箱区的移位。

三、集装箱后方堆场翻箱倒箱

在堆场作业中,影响倒箱率的因素包括:到来集装箱的堆放位置、提箱顺序,以及翻倒集装箱的落箱位置。在确定集装箱的堆放位置时,应尽量避免使较早提走的集装箱被晚提走的集装箱压在下面。在确定提箱顺序时,应尽量使堆放在上层的集装箱先于堆放在其下的集装箱被提走。然而在很多情况下,集装箱到来的顺序是随机的,在收箱时尚不能确定其被提走的顺序,而提箱顺序往往受场内外各种因素的制约,不能任意设定或调整。由于这些现实因素的存在,经策划得到的集装箱堆存位置和提箱顺序使提箱时不可避免地会出现一定数量的倒箱,因此就需要在提箱过程中对被翻倒的集装箱的落箱位置进行优化,以尽可能减少二次倒箱,降低总倒箱率。

减少移箱倒箱率是后方堆场一直深入研究的问题,也是一个最大的难题。要控制倒箱作业,就必须对整个集装箱进出口运输业务的始末进行全面的控制。其中,各部门除了将自己的工作做细做好之外,还应该注意做好与其他部门的配合与协调工作,加强业务信息传递的速度,加强各个环节的计划与配合。

（一）集装箱倒箱的原因

集装箱倒箱主要有以下几个原因。

① 在集装箱后方堆场的设置中,修箱区的坏箱在修完之后要进行移箱操作,而在移箱操作之后,未通知道口将系统中的箱位修改过来,使系统与实际箱位出入很大。

② 集装箱后方堆场时有还箱、退租箱等箱子进进出出,而当堆场容量比较大的时候,对其操作比较随意,容易给以后的操作造成不必要的麻烦,造成移箱翻箱。

③ 船公司有时改变航线,或者货代换箱,对此作为后方堆场必须对返回的箱子重新堆放,导致部分要翻箱。

④ 集装箱堆场的管理中,对于指定箱的处理是先将其指定另外堆放,其中就有移箱操作,而指定箱的提取又要考虑堆放公司随机堆放的情况,经常出现底下的指定箱先提的情况,这个时候又有移箱翻箱操作。

⑤ 特殊箱型的箱型由于在堆场有比较固定的位置,提箱作业前必须在堆场内单独堆放,以便于装箱,从而导致倒箱,如冷藏箱、危险箱、框架箱和高箱等。

⑥ 进口重箱发放给收货人或内陆承运人时,倒箱也是比较常见的,因为它们来码头提箱是陆续和随机的,不可避免地要产生倒箱。

（二）量化集装箱翻箱倒箱率

因为集装箱后方堆场是 24 小时长时间不间断营业,而对翻箱倒箱率的计算又不能按照前方堆场那样按照船期进行统计,所以只能选择一段时间作为研究对象,如选择 1 个月。其计算公式为:

$$平均集装箱翻箱倒箱率 = 平均每月移箱翻箱数 ÷ 平均每月提出集装箱箱数$$

在计算集装箱翻箱倒箱率时,要求数据真实可信,必须让堆高机人员和道口人员每日计算统计好数据。特别是堆高机要将移箱和倒箱登记下来。

四、集装箱堆场编码

1. 整个堆场,按"区"划分

一般按照泊位顺序,每个泊位对应一个区。例如,1 号泊位对应 A 区(或 1 区),2 号泊位对应 B 区(或 2 区),3 号泊位对应 C 区(或 3 区)。

2. 每区又划分"块"

例如,A 区共分 10 块(01,02,…,10);编号:一般从海侧(码头)到陆侧(堆场)顺序;宽度:6 列加 1 车道,约 24 m。

3. 每块又划分"贝"(BAY),与船箱位的 BAY 相对应

① 用奇数表示 20 ft,偶数表示 40 ft。

② 示意如下。

物理贝		1	2	3	4	5	6	7	8
逻辑贝	20ft:	01	03	05	07	09	11	13	15
	40ft:		02	04	06	08	10	12	14

4. 每贝划分"列"(排)

① 1 贝宽为 6 列。

② 列的编号:从 1 到 6,或者从 A 到 F。

③ 靠近车道的为 1 或 A,依次排之。

5. 每列又分"层"(tier)

① 一般为 6 层,根据机械作业高度而定。

② 编号:从底往上依次 1、2、3、4、5、6……

因此,一个堆场箱位表示为:

区、块、贝、列、层

例如,"A　01　03　1　1"表示 A01 区、03 贝(20 ft)、1 列(靠车道)、1 层(底层)。

又如,A10111 表示该箱在 A1 箱区 01 位(贝)第 1 排第 1 层;A30123 表示该箱在 A3 箱区 01 位(贝)第 2 排第 3 层。

供出口集装箱堆存的 A 区示意图如图 2-2 所示,每格子代表可以堆存 40 ft 集装箱(或 2 个 20 ft 集装箱)的箱位。其中,格子里的数字表示目前堆存的高度(以集装箱的个数为单位)。

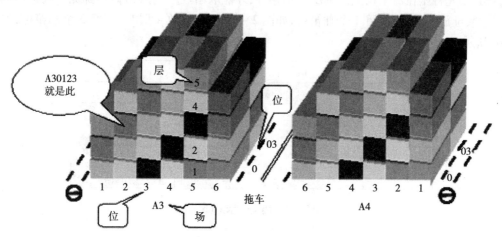

图 2-2　集装箱堆存的 A 区示意

五、集装箱堆存的基本原则

我国港口大多采用轮胎式场桥或轨道式场桥工艺,因此普遍采用纵横排列法堆存集装箱,即把集装箱按纵向和横向在场地上整齐排列。

集装箱堆码的基本原则如下。

原则 1:进口箱、出口箱、中转箱应分场区堆放。

原则 2:重箱、空箱应分开场区堆放。(空箱应分别按照不同箱属公司、不同箱型堆放,并且将完好箱和污损箱分开堆放。)

原则 3:普通箱、冷藏箱、危险品箱应分场区堆放。

原则 4:相同箱型的集装箱集中堆放,相同高度的集装箱集中堆放。(20 ft 集装箱不能堆放在 40 ft、45 ft 集装箱顶部。)

原则 5:相同船公司的集装箱集中堆放,相同计划任务的集装箱集中堆放。(进出口重箱应尽量按船名航次、提单号等集中堆放。)

原则 6:出口重箱除按船名堆放外,还应考虑质量。(在同一位中,较重的箱堆放于靠近车道 2 排,较轻的箱堆放在最里面 2 排,中间等级的箱堆放于较中间的排。)

六、翻箱位

对于每一个堆场,每个箱位的允许堆高层数不仅与总堆存面积有关,而且与具体的装卸机械也有关。例如,根据叉车的高度不同,有的集装箱堆场可以堆码 4 层,有的可堆码 5 层,龙门起重机也有堆 4 层和 5 层的区别。在堆放集装箱时要根据机械能力来堆放。例如,机械只能堆 4 层却按堆 5 层计算,结果只能是出现实际操作无法实施的局面;反过来,如果机械可以堆 5 层,绝不要按堆 4 层考虑,因为这会造成堆场空间的浪费。

在同一个间位,不是所有行都堆高 4 层或 5 层,必须在每个间位靠边的一二行上留出足够的空位,将其作为在装卸作业时(特别是取箱时)翻箱之用。例如,想取 1 行底或 3 行底的箱,就必须先将压在那个箱上面的所有箱移开,才能取出。上面的箱移到哪呢?就移到翻箱位。一般堆放 5 层时,应留 4 个翻箱位,如图 2-3 所示;堆放 4 层时,应留 3 个翻箱位,如图 2-4 所示。

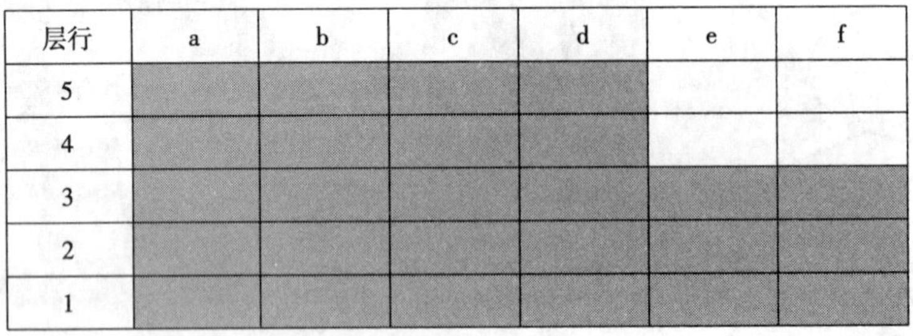

层行	a	b	c	d	e	f
5	■	■	■	■		
4	■	■	■	■		
3	■	■	■	■	■	■
2	■	■	■	■	■	■
1	■	■	■	■	■	■

图 2-3 翻箱位示意(5 层)

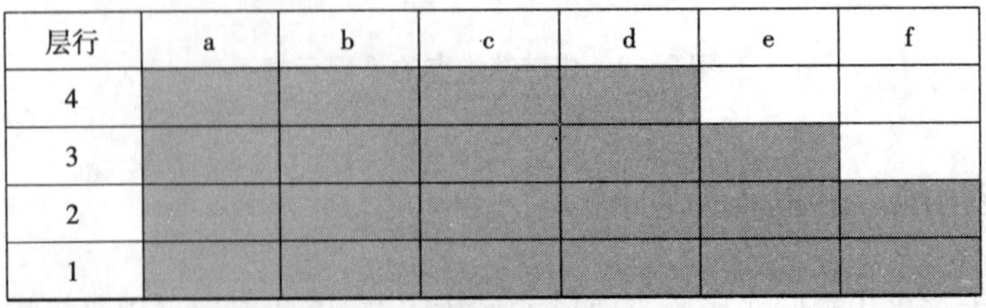

层行	a	b	c	d	e	f
4	■	■	■	■		
3	■	■	■	■	■	■
2	■	■	■	■	■	■
1	■	■	■	■	■	■

图 2-4 翻箱位示意(4 层)

任务实施

一、涉及工作人员

本任务的实施涉及的工作人员:堆场计划员。

二、工作内容

"区域定位、相对集中",对不同的箱类采用不同的堆叠高度,同时采用加强集装箱整场,降低翻箱率的集装箱堆场策划的基本策略。

(一)区域定位、相对集中

① 区域定位。把重点船舶的出口箱优先安排在离靠泊位最近的前方堆场,以提高重点航线的装船效率;进口重箱和进口空箱则安排在中、后方堆场,以提高拖车公司的提箱作业效率。

② 相对集中。这是指对某一条重点船舶的出口集装箱策划在相对集中的一个街区并尽量保持在一条直线上,避免装船时轮胎式龙门起重机频繁转胎而影响装船作业效率。

(二)不同的箱类采用不同的堆叠高度

① 空箱。由于空箱为正面吊或堆高机作业区,同时港外提空箱基本不存在翻箱问题,因此空箱可以堆放5层。

② 进出口重箱。为了确保出口重箱的装船作业效率和减少进口重箱的提箱翻箱,对出口重箱和进口重箱采用4层堆放。

(三)集装箱堆场策划

1. 进口集装箱堆场策划

(1)堆场策划

船舶靠泊前24小时,船公司向码头提供到港船图(EDI);根据卸船箱量并结合卸船贝位分配岸桥作业路数;根据卸船数量和作业路数对进口重箱区和空箱进行适当整场;根据作业路数对进口重箱按箱型做堆场计划;按箱主和箱型并结合卸船作业路数对进口空箱做堆场计划。

(2)提箱策划

① 提进口重箱。箱管计划员向拖车公司发送包含堆场位置的在场进口重箱清单,拖车公司根据进口重箱的堆场位置在尽量不翻箱的情况下提进口重箱。

② 提进口空箱。不指定箱,是指箱管计划员按箱主和箱型对空箱进行放箱,系统根据提箱顺序自动发箱;指定箱,是指按箱管计划员按箱主和箱型根据提箱顺序进行人工放箱。

2. 外贸出口集装箱堆场策划

① 船舶靠泊 7 天前,船公司向码头提供出口箱量预报(应包含卸货港和箱型)。如果没有箱量预报,则根据历史出口箱量。

② 研究各干线船的配载中心的预配历史经验及出口装船作业路数,找出一定的规律,从而使出口箱堆场计划的安排能更加合理。

③ 干线船出口集装箱根据卸货港、箱型和质量等级并结合历史预配与实际作业经验实行相对集中的堆场策划。

④ 在支线船期与干线船船期不冲突的情况下,支线船出口集装箱穿插策划在干线船的出口场位,从而提高堆场利用率。

3. 内贸出口集装箱堆场策划

由于内贸配载对集装箱质量没有要求,因此内贸出口箱只需按卸货港、箱型进行堆场策划。

① 根据配载中心的预配进行配载,配载中只需要考虑出箱顺序而无须考虑质量问题。

② 直接按卸货港和堆场位置排序打印出可以装载的出口清单,现场按预配图根据堆场顺序出箱装船。

4. 中转箱卸船堆场策划

支线转干线及国际中转的堆场策划。

① 如果代理可以提供二程船资料,则根据船名、航次、卸货港、箱型和质量等级进行堆场策划。

② 如果无法取得二程船资料,则只需根据卸货港、箱型和质量等级进行堆场策划。

干线转支线的堆场策划:由于本港的干线转支线中转箱的目的港基本是马尾,所以干线转支线的中转箱只需根据箱型进行堆场策划。

5. 特殊箱种堆场策划

(1) 危险品箱

危险品箱最多堆放两层,不同等级需隔离堆放。(详情见危险品集装箱隔离表)

(2) 冷藏箱

冷藏箱策划在冷藏箱专用堆场。进出口重箱须分开堆放。

(3) 超限箱

超限箱只能堆存在超限箱专用堆场,且只能堆放一层。

(4) 熏蒸箱

熏蒸箱必须堆存在熏蒸箱专用堆场,且只能堆放一层。

三、工作方案

集装箱的存放区域主要与箱型、箱的种类、航名航次(标志着货物目的地)、存放时间等因素有关。根据任务中的 6 个集装箱信息,可以抓住以下几个要点进行存放分配。

① 6 个集装箱分为两批截关。这意味着,在堆放时应根据截关日期的先后分别堆放集装箱,以有利于在吊装上船时减少翻箱次数。

② 6 个集装箱分别在 3 月 2 日、3 日和 5 日分 3 批进场。这意味着,在安排箱位时,应考

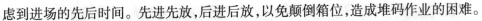

虑到进场的先后时间。先进先放,后进后放,以免颠倒箱位,造成堆码作业的困难。

③ 6个集装箱中有2个40 ft高箱,2个20 ft冷藏箱,1个40 ft普箱,1个20ft普箱,后4个均为重箱。这就对集装箱堆存区域和区位提出了更进一步的要求——要分区域堆码。由于冷藏货柜需在堆存期间插电,所以应将其存放在冷藏货柜区;40 ft和20 ft普箱,可按堆场的规划和常规堆存的方法堆存在普通箱区,只需留出翻箱位,以便于吊装作业;而2个40 ft高箱为空箱,在堆放时应放在普通空箱区。高箱在堆存时要注意平衡,最好使高箱和普通箱分别堆放,以免增加吊装作业的难度。

数字化运营

单击系统窗口上的"进箱计划"菜单,选择"场地策划"命令即可进入场地策划编制对话框,如图2-4所示。

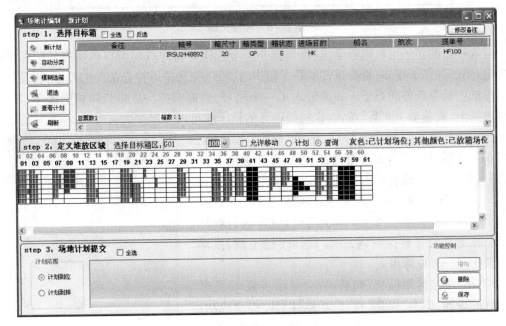

图2-4 场地策划编制

场地策划过程包括选择目标箱、定义堆放区域和场地计划提交3个过程。

1) 当策划员记不清箱号或计划号时,可以单击场地策划编制对话框中的"模糊选箱"按钮,进入如图2-5所示的对话框。在对话框的文本框内输入箱号或计划号,然后单击"查找"按钮。当需要对选择出的箱子进行筛选时,可以单击窗口中"条件筛选"按钮,根据具体条件完成筛选。

图 2-5 模糊选箱

对选择出的箱子可以进行全选、反选操作。全选操作可完成对窗口内所有集装箱的全部选定;当选的箱子很多,符合条件的箱子很少时,可以先选择不符合条件的箱子,再使用反选操作选中符合条件的箱子。如果输入了一个箱号,而需要把与此集装箱相同提单号的箱子都选择上,则单击"同票"按钮,相同提单号的箱子就可以一起被挑选出来。

待选择的箱子都符合条件后,单击"确定"按钮,完成选箱。如果想取消本次选箱内容,可以直接关闭对话框,结束本次操作,或者单击"返回"按钮,退出窗口。

2) 选择图 2-4 所示"定义堆放区域"窗格下的"选择目标箱区",打开如图 2-6 所示的对话框,进行箱区选择。在定义的堆放区域内,按住鼠标左键不放,拖动鼠标选中某一贝位即可。

3) 在"场地计划提交"窗格内,会显示步骤 2)已经选择好的场地,单击"保存"按钮,场地计划即提交成功。当需要增加某一个场地计划时,单击"增加"按钮,重新完成选择目标箱、定义堆放区域和场地计划提交过程。

图 2-6 箱区选择

如果需要删除此场地计划,单击"删除"按钮,这时已经做过的选择目标箱、定义堆放区域过程就会失效,完成此项场地计划删除操作。

 任务测评

请结合本次任务,按照堆场编码规则,对堆存任务信息表(见表 2-2)中的集装箱编制至少一个策划方案。

表 2-2　堆存任务信息

箱　号	船名/航次	开仓日	截关日	预约进场日	备　注	策划方案(堆场箱位号)
TGHU6234653	ESTAR/068	3-8,MAR	8,MAR	3,MAR	40'H空	
COSU3656281	ESTAR/068	3-8,MAR	8,MAR	5,MAR	20'冷藏	
TGHU3514652	ESTAR/068	3-8,MAR	8,MAR	3,MAR	40'H空	
COSU2316283	HANJIN/0236	1-6,MAR	6,MAR	5,MAR	20'冷藏	
HANU1326581	HANJIN/0236	1-6,MAR	6,MAR	2,MAR	40'重	
HANU1386257	HANJIN/0236	1-6,MAR	6,MAR	2,MAR	20'重	

第二篇

中级实训

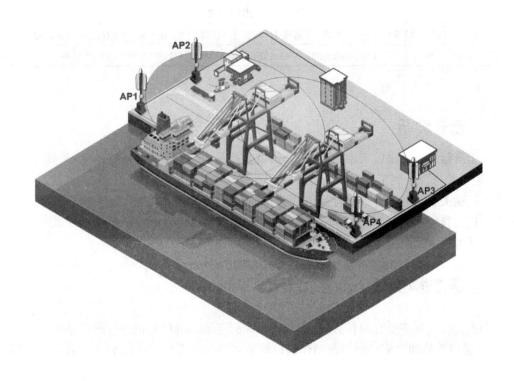

任务三

单箱进离堆场管理

知识目标

1. 能够说出单箱进离堆场的操作流程。
2. 能够说明单箱进离堆场作业中各个岗位的工作任务及岗位职责。

能力目标

1. 能够完成单箱进离堆场作业各个岗位之间的信息流转。
2. 能够利用系统软件实现单箱进离堆场管理。

任务引入

2017年7月,某市轻工进出口公司(以下简称A公司)出口智利10 t纸板。出口港为天津新港,共计1个20 ft集装箱。试根据表3-1进场信息完成单箱进离堆场操作。

表3-1 进场信息

箱 号	箱尺寸/ft	交付条件	航线	箱重/t	船名	航 次	提单号	铅封号	卸船时间	箱主
TEXU2986863	20	CY-CY	中海美线	8.43	安盛集	BXC1683	ATLQZTJ08001	489362	2017-7-16	TEX

任务分析

对于海运集装箱出口来说,堆场的作用就是把所有出口客户的集装箱在某处先集合起来(不论通关与否),到了截港时间之后,再统一上船(此时必定已经通关)。也就是说,堆场是集装箱通关上船前的统一集合地,在堆场的集装箱货物是等待通关的。这样便于船公司、海关等进行管理。

本任务中涉及的是重箱的进离场操作。

一、重箱进场管理

码头重箱进场主要有两种方式:进口重箱卸船进场和出口重箱通过闸口进场。

① 进口重箱卸船前必须提前制作进口舱单向海关申报后方可卸船,卸船后码头根据箱

尺寸、箱型的不同,按不同的持箱人分开堆存。

② 出口重箱是在发货人将 COC(承运人的箱)或 SOC(货主自备箱)空箱装货后通过闸口交进码头,闸口和拖车公司间办理设备交接单手续。注意,出口重箱一定不要超重,如果超过船公司的限重,有时需要通过船公司来解决这个问题。但如果超过了集装箱上面标注的限制,码头方面为了操作安全肯定会拒收,即使船公司同意也不行。

二、重箱出场操作

码头重箱出场主要有两种方式:出口重箱装船出场和进口重箱通过闸口出场。

① 出口重箱装船出场前必须经海关放行。当船公司与码头对数后,码头计划操作室人员根据船公司或其代理装船清单及海关放行单逐个解锁后,根据船公司及码头船舶配载计划装船出口。

② 如果要提取进口重箱或出口退关重箱,除需有船公司提箱文件外,还需要海关签字盖章放行或出示出口货物退关放行通知单,并结清有关费用后方可办理。注意,SOC 箱必须确认空箱还箱地点。

相关知识

一、运输涉及单证

(一)舱单

1. 进出境运输工具舱单

进出境运输工具舱单是指舱单传输人向海关递交的真实、准确反映运输工具所载货物情况的纸质载货清单和向海关传输的电子数据。

2. 海关对进出境运输工具舱单的监管

海关要求进出境运输工具舱单传输人传输舱单电子数据并按要求递交纸质舱单。

① 为加强海关对进出境运输工具舱单管理,强化海关对进出口货物的实际监管,海关在进境运输工具通过进境审核且收到进口舱单电子数据和理货公司理货正常的报告后方可接受进口货物的申报。

② 进出境运输工具舱单电子数据是指进出境船舶、航空器、铁路列车负责人或其代理人等舱单传输人按照《中华人民共和国海关进出境运输工具舱单管理办法》要求的格式,以电子数据交换的方式向海关传输的进出境运输工具的载货清单数据。其内容应与纸质舱单数据相一致。除特殊情况外,舱单电子数据的保存期限为 3 年。

③ 海关对进出境船舶舱单电子数据传输的规定如下。

<1> 进境运输工具载有货物、物品的,舱单传输人应当在下列时限向海关传输原始舱单主要数据。

- 集装箱船舶装船的 24 小时以前,非集装箱船舶抵达境内第一目的港的 24 小时以前。
- 航程 4 小时以下的,航空器起飞前;航程超过 4 小时的,航空器抵达境内第一目的港的 4 小时以前。
- 铁路列车抵达境内第一目的站的 2 小时以前。
- 公路车辆抵达境内第一目的站的 1 小时以前。

舱单传输人应当在进境货物、物品运抵目的港以前向海关传输原始舱单其他数据。

海关接受原始舱单主要数据传输后,收货人、受委托报关企业方可向海关办理货物、物品的申报手续。

<2> 进出境船舶代理人应按照规定的数据格式向海关传输以下舱单电子数据:船舶编号、航次号、主管地海关、提单号、运输方式、提运单类型、提单序号、发货人、收货人、起运港、目的港、指运地/货源地、地区代码表、进口指运地、出口货源地、卸货地/装货地场站代码(通运货物为空)、进出境日期、主要货物名称、件数、提运单合同件数、包装种类、体积(m^3)、唛头/合同号、集装箱数(散货为空)、毛重(kg)、提单毛重(kg)、理货标志、货物清单、项数、货物总值、币制、首次进出境海关代码、申报日期、进出口类型、危险品等级、指运地/起运地场站代码(直通货物为内陆场站)等。

(二) 托运单

托运单(Booking Note,B/N)俗称下货纸,是托运人根据贸易合同和信用证条款内容填制的,向承运人或其代理办理货物托运的单证。承运人根据托运单内容,并结合船舶的航线、挂靠港、船期和舱位等条件考虑,认为合适后即可接受托运。托运单是运货人和托运人之间对托运货物的合约,记载有关托运人和运货人相互之间的权利与义务。运送人签收后,一份给托运人当收据,货物的责任从托运转至运货人,直到收货人收到货物为止。当发生托运人向运货人要求索赔时,托运单是必备的文件。运货人输入托运单上数据的正确与否,影响后续作业很大。托运单分为海运托运单、陆运托运单、空运托运单。

(三) 装货单

装货单(shipping order)是接受了托运人提出装运申请的船公司,签发给托运人凭以命令船长将承运的货物装船的单据。装货单既可用作装船依据,又是货主凭以向海关办理出口货物申报手续的主要单据之一,所以装货单又称关单。对托运人而言,装货单是办妥货物托运的证明;对船公司或其代理而言,装货单是通知船方接受装运该批货物的指示文件。承运人签发装货单,即表明已办妥托运手续,承运人已同意承运单上所列货物,装货单一经签订,运输合同即告成立,因而是海关对出口货物进行监管的单证;托运人凭装货单及其他有关单证,办理出口报关手续,海关核准出口,即在装货单上加盖海关放行章,因而是承运人通知码头仓库或装运船舶接货装船的命令。托运人将装货单连同货物送交承运人指定的仓库或船舶,理货人员按积载计划由装卸工人分票装船后,将实装货物数量、装舱部位及装船日期项写在装货单上,交船方留存备查。

(四) 收货单

收货单(mates receipt)又称大副收据,是船舶收到货物的收据及货物已经装船的凭证。

船上大副根据理货人员在理货单上所签注的日期、件数及舱位，并与装货单进行核对后，签署大副收据。托运人凭大副签署过的大副收据，向承运人或其代理人换取已装船提单。

由于上述 3 份单据的主要项目基本一致，我国一些主要口岸的做法是将托运单、装货单、收货单、运费通知单等合在一起，制成一份多达 9 联的单据。其各联作用为：第一联由订舱人留底，用于缮制船务单证；第二、三联为运费通知联，其中一联留存，另一联随账单向托运人托收运费；第四联装货单经海关加盖放行章后，船方才能收货装船；第五联收货单及第六联由配舱人留底；第七、八联为配舱回单；第九联是交纳出口货物港务费申请书，货物装船完毕后，港区凭以向托运人收取港杂费。

（五）海运提单

海运提单（bill of lading）是一种货物所有权凭证。提单持有人可据以提取货物，也可凭此向银行押汇，还可在载货船舶到达目的港交货之前进行转让。

海运提单的种类包括以下 13 种。

① 已装船提单（shipped or board B/L）。这是承运人向托运人签发的货物已经装船的提单。

② 收货待运提单或待运提单（received for shipping B/L）。这是承运人虽已收到货物但尚未装船时签发的提单。

③ 直达提单（direct B/L）。这是货物自装货港装船后，中途不经换船直接驶到卸货港卸货而签发的提单。

④ 联运提单或称转船提单（through B/L）。这是承运人在装货港签发的中途得以转船运输而至目的港的提单。

⑤ 多式联运提单（MT B/L）。这是货物由海上、内河、铁路、公路、航空等两种或多种运输方式进行联合运输而签发的适用于全程运输的提单。

⑥ 班轮提单（liner B/L）。班轮是在一定的航线上按照公布的时间表，在规定的港口间连续从事货运的船舶。班轮可分定线定期和定线不定期两种。

⑦ 租船合同提单（charterparty B/L）。这一般是指用租船承运租船人的全部货物，船东签给租船人的提单，或者并非全部装运租船人的货物，而由船东或租船人所签发的提单。

⑧ 记名提单（straight B/L）。这是指只有提单上指名的收货人可以提货的提单。它一般不具备流通性。

⑨ 指示提单（order B/L）。指示提单通常有未列名指示（仅写 order）、列名指示（order of shipper 或 order of consignee ＊＊ company；order of ＊＊ bank）。这种提单通过指示人背书后可以转让。

⑩ 不记名提单（blank B/L 或 open B/L）。不记名提单是指提单内没有任何收货人或 order 字样，即提单的任何持有人都有权提货。

⑪ 清洁提单（clean B/L）。清洁提单是指货物交运时，表面情况良好，承运人签发提单时未加任何货损、包装不良或其他有碍结汇的批注的提单。

⑫ 不清洁提单（foul B/L）。货物交运时，其包装及表面状态出现不坚固完整等情况，船方可以批注，即为不清洁提单。

⑬ 包裹提单（parcle receipt 或 non-negotiable receipt）。包裹提单适用于少量货物、行李

或样品等。

（六）装货清单

装货清单（loding list）是承运人根据装货单留底，将全船待装货物按目的港和货物性质归类，依航次、靠港顺序排列编制的装货汇总清单。其内容包括装货单编号、货名、件数、包装形式、毛重、估计尺码及特种货物对装运的要求或注意事项的说明等。装货清单既是船上大副编制配载计划的主要依据，又是供现场理货人员进行理货、港方安排驳运、进出库场及承运人掌握情况的业务单据。

（七）舱单

舱单（manifest）是按照货港逐票罗列全船载运货物的汇总清单。它是在货物装船完毕之后，由船公司根据收货单或提单编制的。其主要内容包括货物详细情况、装卸港、提单号、船名、托运人和收货人姓名、标记号码等。此单是船舶运载所列货物的证明。

（八）货物积载图

货物积载图（cargo plan）是按货物实际装舱情况编制的舱图。它既是船方进行货物运输、保管和卸货工作的参考资料，也是卸港据以理货、安排泊位、货物进舱的文件。

（九）提货单

提货单（delivery order）是收货人凭正本提单或副本提单随同有效的担保向承运人或其代理人换取的、可向港口装卸部门提取货物的凭证。

二、堆场管理

集装箱进入码头后，码头就要对集装箱负有保管责任，要及时跟踪和掌握集装箱在堆场的每一次搬移与动向，因此堆场管理与箱务管理密不可分。箱务管理的前提和基础就是堆场管理。

堆场管理是集装箱码头生产的一个重要环节，堆场管理效率的高低，直接关系到码头的堆场利用率、翻箱率，同时也影响装卸船作业效率和船期。

（一）堆场的堆箱规则

堆场的堆箱规则主要取决于装卸工艺系统，目前我国大部分集装箱码头采用的是装卸桥轮胎式龙门吊装卸工艺系统，与该工艺系统相应的是6列加一通道堆箱规则，即每个箱区的宽度为6列箱宽再加上一条集装箱卡车车道的宽度；堆高层数视龙门吊的作业高度而定，有堆三过四的，也有堆四过五或堆五过六的，国外有的集装箱码头最大堆高层数已达9层。目前，我国沿海港口基本采用堆四过五的堆箱规则，如图3-1所示。

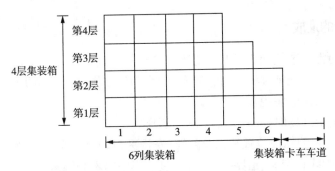

图3-1　集装箱码头堆场的堆箱规则

为了便于箱区的集装箱管理,码头通常规定了堆场箱位的表示方法。堆场箱位的表示方法目前尚不统一,由各集装箱码头用字母、数字或字母与数字相结合来表示。有些堆场用6位阿拉伯数字表示堆场的箱位,如图3-2所示。6位数字的头2位表示箱区,其中第1位数字表示对应的泊位,第2位数字表示从海侧开始的箱区排序;中间2位数字表示箱位,即沿用船箱位贝的表示方法,分别以奇数表示20 ft箱位,偶数表示40 ft箱位;最后2位数字的前一个数字表示列,分别用数字1~6表示,最后一个数字表示层,从底层至第4层用1~4表示。例如,210533表示21箱区、05位、第3列、第3层箱位。

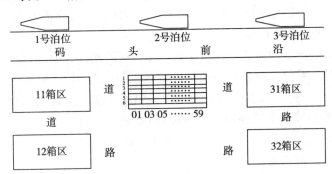

图3-2　堆场箱位示例

(二) 堆场的分区

① 按堆场的前后位置,可分为前方堆场和后方堆场。
② 按进口和出口业务,可分为进口箱区和出口箱区。
③ 按不同的箱型,可分为普通箱区、特种箱区、冷藏箱区和危险品箱区。
④ 按集装箱的空重,可分为空箱区和重箱区。
⑤ 按中转类型,可分为国际中转箱区和国内中转箱区。

上述堆场分区一般应根据集装箱码头的堆场容量、作业方式和码头的集装箱容量综合加以应用。例如,堆场面积不足的则不分前方堆场和后方堆场;无中转箱业务的则不划分中转箱区。需要特别注意的是,对冷藏箱区和危险箱区应该制定专门的管理制度和配备专职人员,以保证集装箱的安全操作和安全堆存。

（三）出口箱的堆放

集装箱码头通常在装船前 3 天开始受理出口重箱进场作业。由于货主重箱进场的随机性和船舶稳性及吃水差既定性的矛盾，必须科学合理地安排出口重箱进场，力求提高堆场利用率，减少翻箱率，保证船舶规范要求和船期。

在安排出口重箱进场时，应满足以下基本要求。

① 根据船舶计划的靠泊位置和作业路线，安排进口箱时要尽可能地靠近船舶靠泊的泊位，避免各路作业的线路交叉、道路拥挤、机械过于集中等不利因素。

② 根据船舶稳性、吃水差规范要求和沿线船舶靠港作业要求，将不同卸港、不同吨级、不同箱型和不同尺寸的集装箱分开堆放，以便装船作业时按配载图顺次发箱，减少堆场翻箱找箱。

③ 集装箱码头生产任务繁忙，特别是多船装卸作业和大量进口箱的提箱作业同时进行时，更要从整个码头的作业效率出发统筹兼顾：箱区的安排分配要与船舶泊位、作业路线、作业量及机械分配等各种因素结合起来，力求最佳的动态平衡。

（四）进口重箱的堆放

进口重箱自卸船后 7 天内要按不同的收货人发箱提运，因此进口重箱的堆放要兼顾船舶的卸船作业和货主的提箱作业。

① 根据船舶计划的靠泊位置和作业路线选择合适的箱区，提高卸船作业效率。

② 不同箱子分开堆放。重箱与空箱分开堆放、不同尺寸箱子分开堆放、不同箱型分开堆放、好箱与坏箱污箱分开堆放；应严格做到中转箱堆放于海关确认的中转箱区、冷藏箱堆放于冷藏箱区、特种箱堆放于特种箱区、危险品箱堆放于危险品箱区。此外，对大票箱尽量相对集中堆放，以便在货主提货时充分发挥堆场机械发箱作业效率；对空箱还应按不同持箱人堆放，以便空箱发放或调运。

（五）集装箱在堆场的搬移

为了方便堆场作业，提高堆场利用率和机械作业效率，集装箱码头要对堆场上的集装箱进行必要的搬移。

① 装船结束后退关箱的搬移。出口箱进入码头后，由于报关或船舶超载等原因，会有一些集装箱不能装船出运，从而造成退关。退关箱稀疏地滞留在原来的出口箱区内，会影响其他船舶出口箱的进场，因此装船结束后必须将这些退关箱及时核实和处理，或者相对集中堆放于原箱区内，转移到其他箱区。

② 进口箱集中提运前的搬移。如果进口箱堆场安排欠妥或在卸船时无法兼顾，那么当集装箱码头受理台受理提箱作业后，应将进口箱做适当的搬移，以方便货主提箱，减少等待时间，同时又可充分发挥场堆机械的作业效率。例如，将受理提箱的集装箱移入一个单独的箱区，以方便发箱。又如，将大批量同一货主的集装箱转移一部分至其他箱区，以减少集装箱卡车排队等候的时间。

③ 进口箱提箱作业基本结束后的搬移。收货人在办妥进口清关手续后，通常会在相对集中的几天时间内到码头提运进口重箱。当这一提箱高峰过后，由于少数货主的原因不能

及时提箱,致使一些集装箱零星地分散在进口箱区中,所以必须及时进行搬移归并。

④ 空箱的搬移主要是收货人拆箱后的还空箱。这是指 CFS 条款拆箱后的空箱要及时转入空箱区并为满足发货人提空箱而对空箱进行必要的搬移。

⑤ 装船需要的搬移是指由于船舶稳性、吃水差、卸港顺序等船舶装运的需要,以及为提高码头作业效率,保证班轮船期,而对一些不适合的集装箱进行的必要搬移。

任务实施

(一) 涉及工作人员

本任务实施涉及的工作人员:堆场计划员、堆场业务员、堆场结算员、龙门吊司机、闸口业务员。

(二) 工作内容

1. **集装箱进堆场**

1) 堆场计划员安排集装箱在堆场的摆放位置,并将货物资料通知堆场。

2) 堆场业务员确定装卸集装箱要使用的工具,并安排工具及器械到位。

3) 堆场业务员通知操作司机及指挥人员做相关准备,并安排辅助吊具。

4) 拖车司机按照指令将集装箱拖至堆场指定位置。

5) 龙门吊司机起吊,将集装箱摆放到指定位置。

6) 堆场业务员与拖车司机完成交接工作确认。

2. **集装箱离堆场**

1) 堆场计划员安排集装箱出场计划。

2) 堆场结算员办理计费业务。

3) 堆场业务员确定装卸集装箱要使用的工具,并安排工具及器械到位。

4) 堆场业务员通知操作司机及指挥人员做相关准备,并安排辅助吊具。

5) 龙门吊司机起吊,将集装箱摆放到拖车所在位置。

6) 堆场业务员与拖车司机完成交接工作确认。

3. **拖车进出港**

(1) **进港**

1) 为货主拖运货物的外部拖车空架进入码头堆场。

2) 司机在 CMS 房领取记录有集装箱摆放位置信息的进场小票。

3) 拖车到堆场指定位置提取集装箱。

4) 拖车在出闸口接受检验、刷卡交费、出闸。

(2) **出港**

1) 载有集装箱的外部拖车通过进闸口检验进入码头。

2) 拖车司机领取记录有集装箱摆放位置信息的进场小票。

3）司机根据进场小票信息将集装箱拖到指定位置摆放。

4）将进场小票等出闸文件交给闸口业务员，并领回相应的交接单。

5）拖车出闸。

数字化运营

一、单箱进场

（一）进箱预录

选择"进箱预录"|"手工录入"命令，打开"进场信息手工录入"对话框（见图3－3），左边是计划区，包括计划编号、数量。需要说明的是，选项文字显示红色的是必须填写的，显示黑色的可以不填写。将操作区显示红色的信息填完整后，单击"保存"按钮，预录成功。手工录入方式有"新计划"和"非计划"两种；"新计划"是直接产生一个录入的新的计划，不用再做进箱计划步骤；"非计划"是所做的预录不会产生计划。在对话框的"功能区"选项组，如果要添加一个箱子，单击"添加箱子"按钮；如果要删除一个箱子，单击"删除单箱"按钮。当需要重新填写信息时，应单击"撤销录入"按钮；如果操作区的信息填写完整，预录成功后单击"保存"按钮，保存预录信息。"刷新"按钮用于对预录信息刷新；"退出"按钮用于关闭预录对话框。在对话框左边是已做好的预录信息，如果想要删除一条预录信息计划，单击"删除计划"按钮即可。

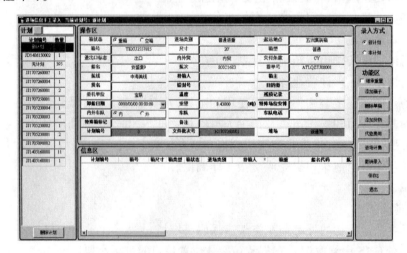

图3－3　进场信息录入窗口

（二）场地策划

当集装箱被集装箱卡车拉进堆场后，需要进行场地策划。单击系统窗口上的"进箱计划"菜单，选择"场地策划"命令，打开场地策划对话框，如图3－4所示。

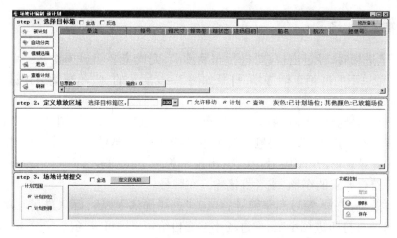

图3-4　场地策划对话框

① 如果要做场地策划,单击"新计划"按钮。场地策划过程包括选择目标箱、定义堆放区域和场地计划提交3个过程。这部分内容可参见任务二的数字化运营。需要补充说明的是,场地策划过程中的选择目标箱操作环节存在两种方式:一种是自动分类,一种是模糊选箱。

② 自动分类操作。单击如图3-4所示对话框中的"自动分类"按钮,打开如图3-5所示的对话框。单击"批次选择"按钮,即可完成计划批次选择操作。选择某一个计划,单击"确定"按钮,在"辅助分组"窗格中会出现相应的信息。也可以单击"全选"按钮,在"待计划的箱信息"窗格中会出现相应的箱信息。如果选择了"辅助分组"窗格里的条件,再选择"摘选大票"窗格里的条件,如提单号、箱数、船名等,在对话框下方就会出现同时满足"辅助分组"和"摘选大票"两个条件的箱子。箱子的统计数目和已选数目在对话框下方显示。

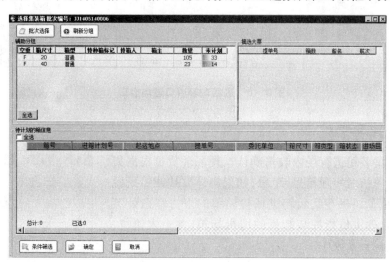

图3-5　集装箱批次选择对话框

③ 模糊选箱操作成功后,应定义集装箱堆放区域并提交场地计划。

（三）进箱车辆进场

当进箱车辆进场时，经过道口，要进行车辆读卡，完成集装箱进场检验。单击系统窗口中"道口进场"菜单下的进箱车辆进场，打开如图3-6所示的"进箱车辆道口进场"对话框。具体操作步骤如下。

1）输入进箱车号。由于一辆车有两个车位，就存在有时候一辆车拉两个集装箱的情况，这时如果有两个箱进场，就需要输入两个箱号：箱号1和箱号2。

2）输入车牌号。单击"车牌号"按钮，出现车牌号下拉列表。首先选择车辆所属的省份，然后再选择符合要求的车辆，或者直接输入车牌号。

3）确认与提交。输入箱号和车牌号后单击"进场确认"按钮，确认进场。单击"打印小票"按钮连接打印机打印进场小票，把进场小票交付给司机即可进场。

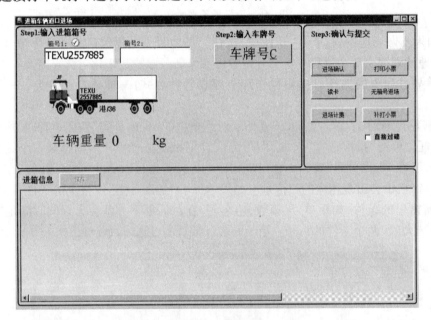

图3-6 进箱车辆道口进场窗口

（四）场内收箱确认

道口要对集装箱进行场内收箱确认。现场理货员根据集装箱进场检验单核对实际箱号、车号，如果箱体有残或铅封脱落，则会要求拖车司机在集装箱进场检验单的下方空白处签字确认。然后，理货员指挥装卸机械司机卸箱，并录入箱位，随后将信息发送到系统中。

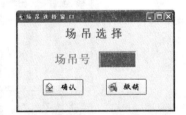

图3-7 场吊选择窗口

具体操作为：首先单击"场吊号"右侧的方框，选择场吊，如图3-7所示。场吊号选择完毕单击"确认"按钮，场内收箱确认成功，如图3-8所示。当不需要进行场吊选择时，单击"撤销"按钮，关闭场吊选择窗口。

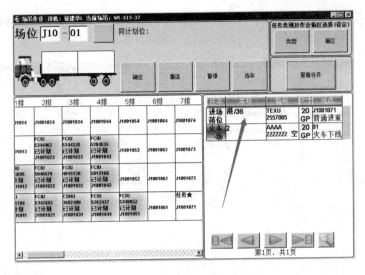

图3-8 "场吊作业"对话框

(五)在场确认查询

选择系统窗口上的"查询统计"菜单,在下拉菜单中选择"集装箱信息综合查询"命令,打开如图3-9所示对话框。在对话框内输入箱号进行查询,也可以用"模糊查找"按钮进行查询。

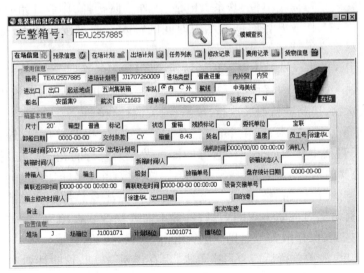

图3-9 "集装箱信息综合查询"对话框

二、单箱离场

(一)重箱出场计划

当货主或货主委托其他人计划提箱时,需要制订重箱出场计划。选择系统窗口上的"作

业计划"菜单,单击下拉菜单中的"重箱出场计划"命令,打开"重箱出场计划"对话框,如图
3-10所示。

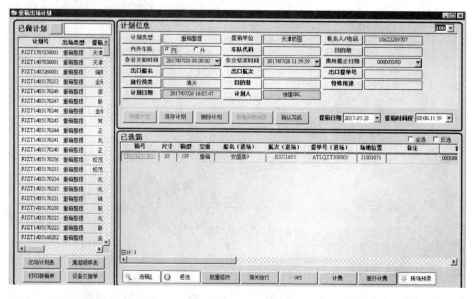

图3-10　重箱出场计划窗口

1)"计划信息"窗格的填写。在"计划信息"窗格,凡是显示红颜色的是必填项,选择计
划类型为重箱整提,填写提箱单位、联系人电话、内外车队选择、作业开始时间和结束时间、
费用截止日期。其中,作业开始时间和结束时间的输入是通过按钮输入;提箱日期可以选
择;提箱时间段尽量在做计划的时间之后。

2)选择箱子。单击已选箱定义区内的按钮,进行箱子的选取。

3)保存计划。如果是内贸货物,单击"保存计划"按钮即可,这时重箱出场计划制订成
功;如果是外贸货物,还要进行海关放行,单击"海关放行"按钮。

在"海关放行"对话框内,有4个窗格:备选箱定义区、报关单信息、箱信息和功能区。
"备选箱定义区"窗格中显示的是已经选好的即将做海关放行的箱子。在"报关单信息"窗
格中需要填上必要的信息,如报关单号、此提单的总件数(个)、总的质量(kg)。如果有多个
报关单号,这时需单击"添加"按钮,添加报关单号——需注意总件数和总质量的分配。"箱
信息"窗格中是对话框内自动出现的信息,一般不需要修改。在填完"报关单信息"窗格之
后,单击"保存"按钮,保存报关单信息。然后单击"校核"按钮,完成校核。

针对外贸提单,海关放行后需要再次单击"保存计划"按钮,这时计划才算制订成功。

（二）费用结算

结算员在进行费用结算时,需要输入出场计划编号,如图3-11所示。单击"费用查询"
按钮,查看费用统计项目。如果费用项目有误,可以单击"删除"按钮;如果费用项目统计无
误,单击"保存"按钮。单击"发票打印"按钮,打开"开票"对话框,如图3-12所示。输入付
款单位等信息,完成发票打印操作,如图3-13所示。

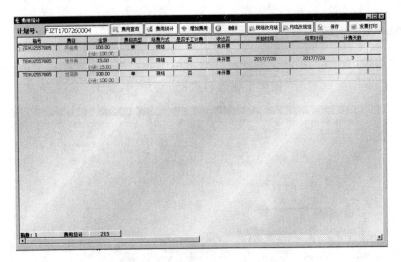

图3-11 "费用统计"对话框

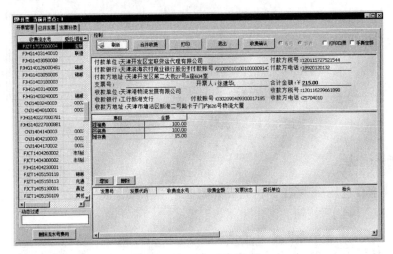

图3-12 "开票"对话框

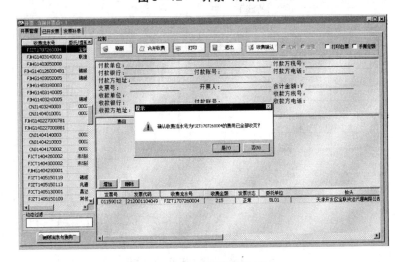

图3-13 完成发票打印

（三）提箱车辆出场

场内提箱得到确认后，提箱车辆就该进行出场作业。选择系统窗口上的"道口作业"菜单下的"提箱作业"命令，打开"提箱车辆道口进场"对话框，如图 3-14 所示。

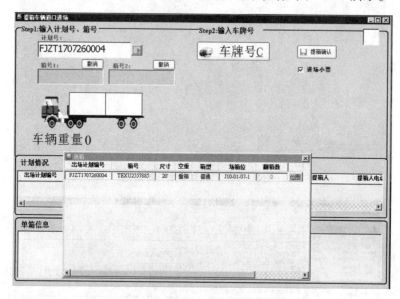

图 3-14 "提箱车辆道口进场"对话框

（四）场吊确认

提箱车辆道口进场后，场吊司机完成场地提箱操作。完成后，在"场吊作业"对话框（见图 3-15）中单击"确定"按钮。

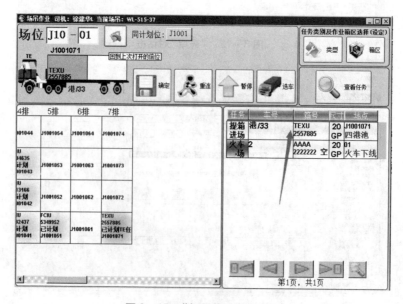

图 3-15 "场吊作业"对话框

（五）道口出场

提箱车辆道口出场时,闸口业务员输入集装箱箱号,如图 3 – 16 所示。单击"确定"按钮,完成出场任务核销操作。

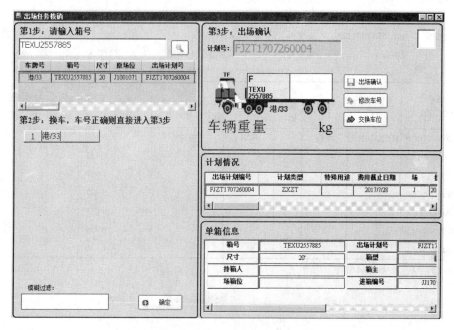

图 3 – 16　"出场任务核销"对话框

任务测评

2017 年 9 月,某进出口贸易公司(委托单位:滨海长运)出口一批货物,出口舱单如图 3 – 17 所示。走美总(APL,公司名称)韩国线到天津新港,共计 10 个集装箱。

要求:

1. 根据出口舱单信息完成单箱进离堆场操作全部流程。

2. 根据操作绘制空、重箱型进离堆场简单操作流程图。

远洋船舶出口货物舱单 （向中华人民共和国海关申报专用） 打印编号:211504180128632　第1页　共1页
（本舱单栏目需用中文填写）

系统查询编号:1758724816

2481600208 63119

船务(代理)公司:＿＿＿＿＿＿＿＿

联系人:覃航胜　　　联系号码:0756－3236897

海关监管簿编号:WAN HAI 313　　　运输方式:海上运输(1)

报关航次号:545601311220　　　运输工具编号:WAN HAI 313

船名:中远韩国　航次:578001311220　船型:　从:外津储运　到:BUSAN　出港日期:2017－6－22　旗:

净吨位:　　总吨位:　　载重吨位:　　装货地点:外津储运　载货质量(千克)41550.000

空箱总数:0　　集装箱总数:7

集装箱编号及是否冷冻柜	货单/提单号码	货物名称	货物统计编号	唛头/编号	包装		净重(千克)	毛重(千克)	立方米	付货人地址及姓名	收货人地址及姓名
					数目	方式					
GSTU3602014//20GP	0293A20561	纸板		N/M		集装箱(7)	5 460	0		
WXYU4150086//20GP								6 450			
TTNU2897601//20GP								7 560			
INKU2899624//20GP								5 420			
HLLU8830057//20GP								6 680			
NNAU2636727//40GP								8 780			
UESU3002461//40GP								1 200			

本人兹证明此舱单为完整及正确之舱单

集装箱总数:7

总件数:　80　　　总毛重:41550.000　　　船长/代理姓名:＿＿＿＿　签名:＿＿＿＿　离港日期:＿＿＿＿

提单份数:

图3-17　出口舱单

任务四

双箱进离堆场管理

知识目标

1. 能够说出双箱进离堆场的操作流程。
2. 能够说明双箱进离堆场作业中各个岗位的工作任务及岗位职责。

能力目标

1. 能够完成双箱进离堆场作业各个岗位之间的信息流转。
2. 能够利用系统软件实现双箱进离堆场管理。

任务引入

2017年7月,某市轻工进出口公司(以下简称A公司)出口智利16 t纸板。出口港为天津新港,共计2个20尺集装箱。试根据表4-1信息,完成双箱进离堆场操作,制订两个箱子的堆场计划。

表4-1 双箱进场信息

箱 号	箱尺寸/ft	交付条件	航 线	总重/t	船名	航 次	提单号	铅封号	卸船时间	箱主
TEXU3903128	20	CY - CY	中海美线	9.43	安盛集	BXC1684	ATLQZTJ08002	489363	2017-7-16	TEX
TEXU3602314	20	CY - CY	中海美线	9.42	安盛集	BXC1684	ATLQZTJ08002	489364	2017-7-16	TEX

任务分析

TEXU3903128和TEXU3602314是同一张提单下的两个集装箱,因此属于双箱进离堆场的情况,应注意与单箱进离堆场操作的差别。同时,由于货物出口智利,所以应熟悉国际贸易运输中常用的海运区域航线方面的知识。

相关知识

一、国际贸易运输中常用的海运区域航线

1. 北大西洋航线

北大西洋航线(North Atlantic shipping line)是北美和西欧之间的运输大动脉,因横跨大西洋北部而得名。该航线北起北美的东海岸,北经纽芬兰横跨大西洋,进入英吉利海峡至西欧、北欧。其支线分布于欧美两岸。

2. 北太平洋航线

北太平洋航线(North Pacific shipping line)是美加西岸和东亚之间的主要航线,因横跨太平洋北部而得名。该航线东端为北美西海岸港口,南自美国的圣地亚哥,北至加拿大的鲁伯特太子港;西端为亚洲各国港口,北起日本横滨和俄罗斯的符拉迪沃斯托克,中经中国上海,西至印度、新加坡,南至菲律宾的马尼拉。

3. 苏伊士运河航线

苏伊士运河航线(Suez Canal shipping line)因通过苏伊士运河而得名。它西起北欧、西欧、北非经地中海,通过苏伊士运河,穿过红海进入印度后分为两路:东至东亚各港口,为欧亚间的主要航线;南至澳新各港口,为欧、亚、新各港口的主要航线。

4. 巴拿马航线

巴拿马航线(Panama Canal shipping line)是连接大西洋和太平洋沿岸各港口的重要捷径,因通过巴拿马运河而得名。该航线北起大西洋加勒比海,经里蒙湾进入巴拿马运河,南经巴拿马湾进入太平洋。

5. 南非航线

南非航线(South Africa shipping line)是西北欧和南部非洲之间的重要航线,再向东行至澳大利亚和新西兰。

6. 南美航线

南美航线(South America shipping line)是横跨大西洋连接欧洲和北美的航线。该航线西起北大西洋西岸,止于太平洋东岸。在南美西岸,有支线通往欧洲、北美东岸及中美洲;在南美东岸,有支线通往亚洲、北美西岸和澳大利亚、新西兰。

7. 南太平洋航线

南太平洋航线(South Pacific shipping line)东起北美西岸的旧金山和温哥华,跨越太平洋,西至大洋洲的澳大利亚、新西兰。

8. 加勒比航线

加勒比航线(Caribean shipping line)是环行于墨西哥湾和加勒比海沿岸的航线。

二、海关监管堆场管理规章制度

① 外贸货物进场前,应预先摸清入库货物的情况,包括货物分票、规格、数量、货权、出

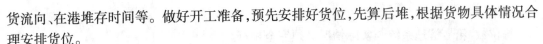

货流向、在港堆存时间等。做好开工准备,预先安排好货位,先算后堆,根据货物具体情况合理安排货位。

② 进场货物要凭单收货,没有单据的货物不接受,做好对货物数量和质量的验收工作并记录。货物堆码要有明显标识,包括船名、数量、货种和提单号等。

③ 货物在堆场堆存期间要对货物的安全质量承担责任,确保不发生人为的货损货差事故。货物要按照特性采取相应的保管方法和措施,同时做好消防、防汛防台工作。

④ 货物在堆场堆存期间要按照海关要求对货物承担保管责任,未经海关批准不得擅自对货物开拆、提取、交付、发运、调换、改装、拆解、转让、更换标识、挪作他用或做其他处理。

⑤ 由于场地限制,对需堆存的内贸货物,经海关同意批准后方可进场。但需另行标识,并用隔离墩与外贸货隔离。

⑥ 每周制作报表向海关报告监管堆场情况。

三、堆存费

堆存费(demurrage)也叫滞港费,一般是在做大宗货物进出口时,由于卖方或买方没有按照租船合同约定的装卸率按时完成货物装卸,致使承运的船舶延长在码头的停泊时间,按照租船合同的约定而获得的处罚性费用;或者是由于买卖双方未能将到港货物及时清关提货,致使到港货物在港区堆放时间超出港区所规定的堆放时间而造成的费用。所谓的堆存费一般多指第二种情况。

堆存费是由目的港港区收取的。一般货物到港都有一定的免费堆放时间,通常为7天。如果有特殊原因需要多堆放几天,可通过目的港货代或收货人向港区申请延期,最多可再堆放7天。至于具体的堆存费如何结算,不同国家的港区有不同的算法,这个得咨询当地的代理或直接与目的港区联系。堆存费最终由哪方付,不需要看采用哪种贸易方式,而是看是发生在装运港还是卸货港。例如,在FOB贸易术语条件下,在装运港由卖方付,在卸货港由买方付;在CIF、CFR贸易术语条件下,在装运港由卖方付,在卸货港由买方付。船公司收取的是滞箱费(detention),就是进出口的货物租用船公司的集装箱,超过船公司所规定的免费租用天数所产生的费用。这个同样也可延期的。

任务实施

(一)涉及工作人员

本任务的实施涉及的工作人员:中控室工作人员、堆场值班主任。

(二)工作内容

1.集装箱堆码要求

操作司机必须根据车载终端的显示,按计划的场位堆放集装箱,或者根据中控工作人员

的指令堆放。

箱位数、箱号管理系统与实际情况必须完全相符。

2. 集装箱堆码标准

① 普通重箱一般堆放 4 层高、4~6 排,但首排与末排只堆 3 层高,呈"凸"形。

② 空箱一般堆放 4 层高、6~13 排,堆放时箱侧面挨靠在一起,但首排与末排只堆 3 层高,呈"凸"形。

③ 冷藏集装箱重箱一般堆放 2 层高,以便电工进行检查,记录温度。

④ 根据危险货物的不同性质和类别在专用危险品堆场里分贝堆放,并且最多只能堆放 2 层高。

⑤ 超限箱(OOG)宽超过 30 cm,相邻排不得堆放集装箱;超限箱长超过 30 cm,相邻位不得堆放集装箱。超限箱、敞顶箱上严禁堆放集装箱。

集装箱必须按箱位线堆码,即 4 个底角件必须准确置放在箱位线内,严禁超出线。上面各层和最底层角件之间的最大偏离量纵向不大于 38 mm,横向最大不能超过 25.4 mm。

3. 集装箱的防风

根据气象预报及调度室通知,应提前 24 小时做好集装箱的防台工作。

① 单排重箱要降高为 1 层,二排重箱降高为 2 层,三排以上降高为 3 层。

② 多层多排空箱堆的堆码型应 4、3、2 层逐层梯形降高。

单排箱子必须降到 1 层,双排以上箱子必须通过添、补等方式,确保排数大于或等于层数,相邻两排之间有空档的应把空档填平;相邻两排之间高度相差两层以上的,较高一排的最上层箱子吊到较低一层上;多层多排必须拉防风带,最高层增放桥锁。

4. 集装箱保管与监督

集装箱进场堆存后,值班主任负责日常的检查,监督集装箱的状态,每工班 2 次。发现异常情况时,要立即报给中控并采取措施消除。

冷藏重箱进场堆存后,电工每 2 小时对冷藏箱进行检查并记录温度。发现异常或报警时,要立即反馈给箱公司的技术人员并报给中控。值班主任每工班必须有一次会同电工共同检查冷箱温度。

场地操作司机凭系统指令或中控指令提取集装箱,严禁无指令作业。

非作业人员及车辆严禁进入集装箱堆场;作业人员及车辆经许可方能进入堆场。

 数字化运营

一、双箱进场

(一)进箱预录

选择"进箱预录"I"手工录入"命令,如图 4 – 1 所示对话框中选中"非计划"单选按钮,录入一个集装箱的信息。由于两个集装箱同属于一个提单号下,为了方便同时操作,应通过单击"添加箱子"按钮,将两个集装箱归于同一进箱计划号内。

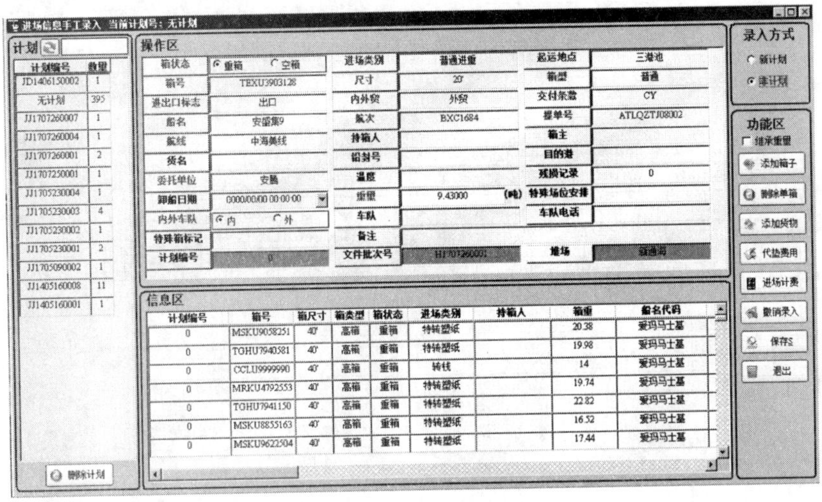

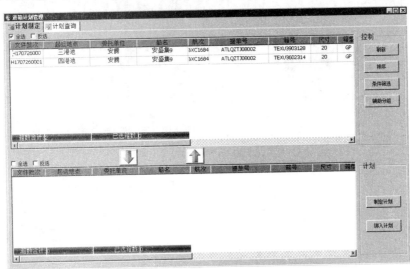

图4-1　非计划录入

(二)进箱计划制订

由于选择的是"非计划"录入方式,因此需要为集装箱制订进箱计划。登录系统窗口后,单击"进场计划"菜单,选择"进箱计划"命令,出现"进箱计划管理"对话框,如图4-2所示。在"进箱计划"选项卡中选中要制订计划的箱子,单击下箭头按钮,选中的箱子就被导入到下方。在下方选中箱子,单击"制定计划"按钮,此计划即制订完成。

图4-2　进箱计划管理

(三)场地策划

当集装箱被集装箱卡车拉进堆场后,需要进行场地策划。单击系统窗口上的"进箱计划"菜单,选择"场地策划"命令,即可进入场地策划对话框,如图4-3所示。

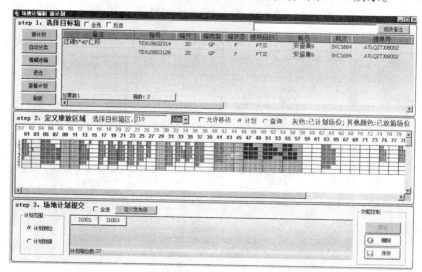

图4-3 场地计划编制

(四)进箱车辆进场

在系统中找到"道口进场",先输入进箱箱号,然后输入车牌号,如图4-4所示。司机交费后,闸口业务员单击"进场确认"按钮确认进场。随后单击"打印小票"按钮,由打印机打印进场小票,把进场小票交付给司机,完成进场操作。

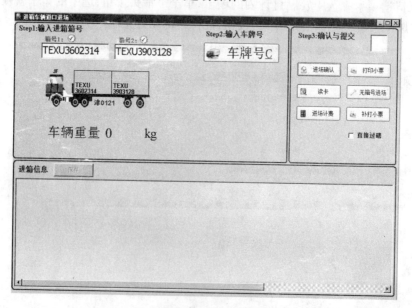

图4-4 进箱车辆道口进场

(五)场内收箱确认

车辆经过道口,进入堆场。现场理货员根据集装箱进场检验单核对实际箱号、车号,如果箱体有残或铅封脱落,则要求拖车司机在集装箱进场检验单的下方空白处签字确认,理货员指挥装卸机械司机卸箱,并录入箱位,如图4-5所示。

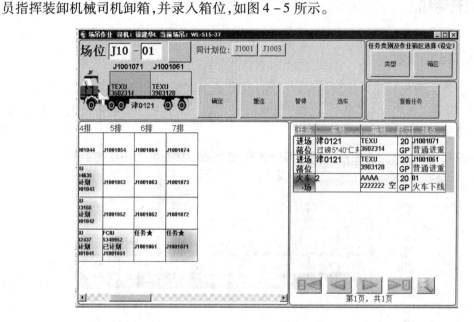

图4-5　场吊作业

(六) 在场确认查询

单击系统窗口上的"查询统计"菜单,选择"集装箱信息综合查询"命令,打开如图4-6所示的对话框。可以在对话框中输入箱号,进行查询,也可以使用"模糊查找"按钮进行查询。

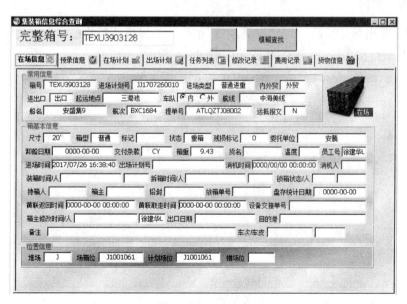

图4-6　集装箱信息综合查询

二、双箱离场

（一）重箱出场计划

当货主或货主委托其他人计划提箱时，这时就需要制订重箱出场计划。单击堆场生产管理系统窗口上的"作业计划"菜单，选择"重箱出场计划"命令，打开"重箱出场计划"对话框，如图4-7所示。

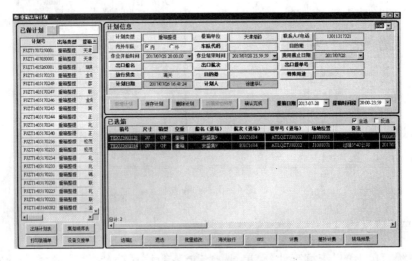

图4-7　重箱出场计划

（二）费用结算

填写完重箱出场计划后，单击"海关放行"按钮。如果确认货物已经由海关放行后，单击"计费"按钮，进行费用统计，并打印发票，如图4-8所示。

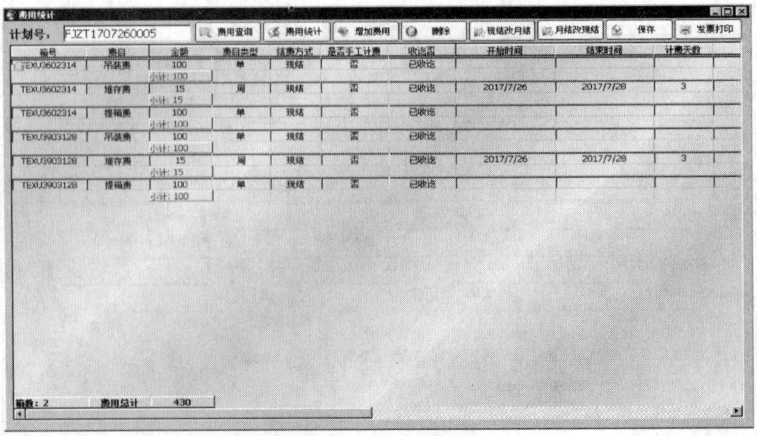

图4-8　费用统计

（三）提箱车辆道口进场

场内提箱得到确认后，提箱车辆就该进行进场作业。选择"道口作业"菜单下的"提箱作业"命令，打开"提箱车辆道口进场"对话框，如图4-9所示。

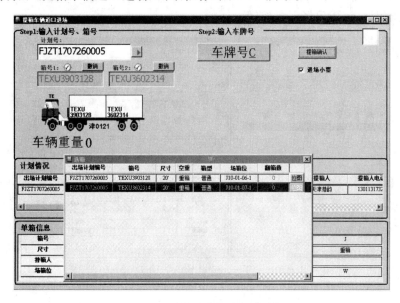

图4-9　提箱车辆道口进场

（四）场吊确认

当拖车进入堆场后，理货员单击"理货确认"按钮。选择好某一场吊后，通过单击"查看任务"按钮，找到工作任务，实施场吊作业，如图4-10所示。当场吊将即将离场的集装箱吊到拖车上后，单击"确定"按钮。

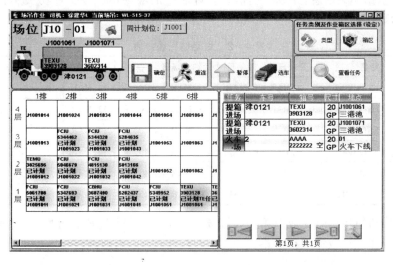

图4-10　场吊作业

（五）道口出场

拖车即将驶离道口时,选择综合管理系统中"道口作业"菜单下的"道口出场"命令。在"出场任务核销"对话框中(见图4-11),输入要出场的箱号,单击"出场确认"按钮,即可根据提示打印出门证,完成出场任务核销。

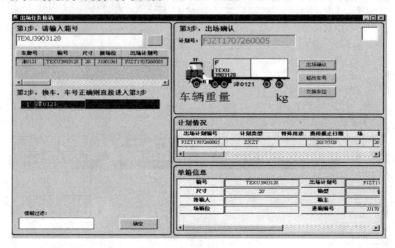

图4-11 出场任务核销

任务测评

2017年9月,某进出口贸易公司(以下简称A公司)出口一批货物。出口港为天津新港,共计10个集装箱。

要求:请根据相关信息,完成堆场信息统计表中的堆场箱位号及堆场费用合计项目,如表4-2所示。

表4-2 堆场信息统计表

箱　号	船名/航次	开仓日	截关日	预约进场日	备注	离　场	堆场箱位号	堆场费用合计
TGHU6234653	ESTAR068	3-8,MAR	8,MAR	3,MAR	20'重	12,MAR		
COSU3656281	ESTAR068	3-8,MAR	8,MAR	3,MAR	20'重	12,MAR		
TGHU3514652	ESTAR009	3-8,MAR	8,MAR	3,MAR	40'重	14,MAR		
COSU2316283	ESTAR009	1-6,MAR	6,MAR	3,MAR	40'重	14,MAR		
HANU1326581	HANJIN/0236	1-6,MAR	6,MAR	2,MAR	45'重	12,MAR		
HANU1386257	HANJIN/0236	1-6,MAR	6,MAR	2,MAR	45'重	12,MAR		

1. 根据出口舱单信息完成双箱进离堆场操作全部流程并完成合理堆存。
2. 根据操作总结双箱堆存策略。

任务五

混合箱进离堆场管理

知识目标

1. 能够说出混合箱进离堆场的操作流程。
2. 能够说明混合箱进离堆场作业中各个岗位的工作任务及岗位职责。

能力目标

1. 能够完成混合箱进离堆场作业各个岗位之间的信息流转。
2. 能够利用系统软件实现混合箱进离堆场管理。

任务引入

2017 年 7 月,某市轻工进出口公司(以下简称 A 公司)出口智利 16 t 纸板。出口港为天津新港,共计 2 个集装箱。试根据表 5 - 1 信息完成混合箱进离堆场操作。

表 5 - 1　混合箱进场信息

箱　号	箱尺寸/ft	交付条件	航线	总重/t	船名	航　次	提单号	铅封号	卸船时间	箱主
TEXU3903128	20	CY - CY	中海美线	9.43	安盛集	BXC1684	ATLQZTJ08002	489363	2017 - 7 - 16	TEX
GATU8140754	40	CY - CY	中海美线	9.42	安盛集	BXC1684	ATLQZTJ08002	489364	2017 - 7 - 16	

任务分析

TEXU3903128 和 GATU8140754 是同一张提单下的两个集装箱,但是一个属于 20 ft,一个属于 40 ft,因此属于混合箱进离堆场的情况,应注意与单箱和双箱进离堆场操作的差别。

相关知识

一、集装箱货物的交接

（一）交接地点

① 集装箱码头堆场（Container Yard，CY）

② 集装箱货运站（Container Freight Station，CFS）

③ 发货人或收货人的工厂或仓库（即门，door）

（二）集装箱货物的交接方式

1. 门到门（door to door）交接方式（FCL－FCL）

采用门到门交接方式时，托运人在工厂或仓库，将由其负责装箱并经海关铅封的集装箱交由承运人验收；承运人接收整箱货后，负责将货物运至收货人的仓库或工厂原箱交货。只有在一个托运人、一个收货人，而且货主托运的是整箱货的条件下，才能进行门到门的运输，实行门到门的货物交接方式。

2. 门到场（door to CY）交接方式（FCL－FCL）

采用门到场交接方式时，承运人在发货人的工厂、仓库接收由发货人装箱并经海关铅封的集装箱，负责将集装箱运至目的港集装箱码头的集装箱堆场，在集装箱堆场原箱交付给收货人或代收货人接收集装箱的其他运输方式的承运人。在采用门到场交接方式情况下，运至目的港集装箱堆场以前的，包括陆路运输和海路运输在内的各区段的运输均由承运人负责。但由集装箱堆场至目的地的陆路或水路运输则由货主自行负责。与门到门的货物交接方式一样，只有整箱货下能实行门到场的交接方式。

3. 门到站（door to CFS）交接方式（FCL－LCL）

门到站交接方式是指承运人在发货人的工厂、仓库接收由发货人装箱并经海关铅封的整箱货物，负责将整箱货运至目的港的集装箱货运站拆箱后，分别向不同的收货人交付货物的货物交接方式。在一个托运人将分属于两个或两个以上的收货人的货物拼装在一个集装箱内，按整箱货物托运，运到目的港的集装箱货运站，各收货人凭单分别向货运站提货时，多采用门到站的交接方式。

4. 场到门（CY to door）交接方式（FCL－FCL）

场到门交接方式是指承运人在起运港的集装箱堆场接收由发货人装箱并铅封的整箱货物，负责将整箱货运至收货人的工厂、仓库，原箱交货的货物交接方式。在这种货物交接方式下，承运人不负责由发货人工厂、仓库至集装箱堆场之间的内陆运输。

5. 场到场（CY to CY）交接方式（FCL－FCL）

在场到场的交接方式中，在起运港由发货人将集装箱货物送至集装箱堆场，在目的港由收货人在集装箱堆场整箱提货。在这种货物交接方式下，承运人只负责海运区段的运输，起运港以前和目的港以后的陆路运输由货主自行负责。

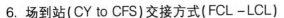

6. 场到站(CY to CFS)交接方式(FCL - LCL)

场到站交接方式是指承运人在起运港的集装箱堆场接收经海关铅封的整箱货,原箱运至目的港的集装箱货运站,分别向两个或两个以上的收货人交付货物的交接方式。与门到站的交接方式一样,在一个发货人将分属于两个或两个以上的收货人的货物拼装在一个集装箱内,按整箱货货运时,多采用这种交接方式,不同的是从发货人的工厂、仓库送交集装箱堆场的运输由发货人负责而已。由于承运人接收的是已经装入箱并夹缝的货物,这种交接方式可能加重承运人对货物完好交付的责任,在实践中应谨慎使用。

7. 站到站(CFS to CFS)交接方式(LCL - LCL)

站到站交接方式是指托运人将小批量不足整箱的货物送到起运港的集装箱货运站,由集装箱货运站接收货物后,将分属于不同托运人和收货人,但目的港或目的地相同的货物拼装于一个集装箱内,经海关监装、铅封后,送交起运港的集装箱堆场装船运至目的港装卸作业区的集装箱货运站拆箱,各收货人分别提取货物的交接方式。这种方式是集装箱运输中,拼箱货的最典型交接方式。

8. 站到场(CFS to CY)交接方式(LCL - FCL)

站到场交接方式是指承运人从起运港的集装箱货运站将集装箱运至目的港的集装箱堆场的货物交接方式。在两个或两个以上的发货人托运属于一个收货人的货物时,可以采用这种货物交接方式。

9. 站到门(CFS to door)交接方式(LCL - FCL)

站到门交接方式是指在由两个或两个以上的托运人将不足整箱的货物托运给同一收货人时,一般都在货运站将货物拼箱,并经海关监装、铅封,按整箱货运至收货人的工厂、仓库。

二、集装箱堆场安全管理制度

① 认真审核提、交箱单证的有效性及必备信息的完整性;审核实际集装箱信息与单证是否相符。协助机械作业人员解决发现的提、交箱作业的特殊问题。

② 外贸集装箱进场时,堆场管理人员凭报国检和海关同意后出具的单证进场。外贸集装箱查验后,凭国检和海关盖章的放行单证放行。集装箱经国检和海关同意后出具的货代设备交接单进场,进场后公司出具堆场单证,货代凭进场单进场取箱。装船时,集装箱管理人员凭国检和海关放行单证装船,并填写装箱单。

③ 与集装箱作业无关的人员和车辆,严禁进入集装箱堆场,凡进入集装箱堆场的人员和车辆,要服从堆场管理人员的管理。公司的公务用车及公安消防等车辆,经过确认,可以不用登记,给予通行;持有公司发放的港区车辆出入证的车辆,进行检查登记后,给予通行;联检单位的车辆给予通行;其他车辆禁止通行。

④ 集装箱实行内外贸空重箱分区堆放,并要求分代理,分箱公司,分 20 ft、40 ft,分好坏箱进行分类堆放。要求重箱不得超过 3 层,空箱不得超过 4 层;底层首先要放置平整,箱角上下对齐,每 40 英尺箱位间隙 80 cm;2 个 20 ft 箱放置时要求前部相接合放成一个 40 ft 箱位,20 ft 不能放置在 40 ft 箱上面。

⑤ 箱区堆放要求整齐整洁,空箱堆放时不许开着箱门,如果是因为洗箱后需要晾干,在晾干后或出堆场前必须关好箱门。

⑥ 空箱堆放时,要注意暴风雨袭击时箱体的安全和对人员及其他建筑物造成的伤害,空箱单排不能超过 2 层,双排不能超过 3 层。

任务实施

(一)涉及工作人员

本任务的实施涉及的工作人员:理货员、集装箱码头工人、龙门起重机驾驶员或叉车驾驶员、闸口业务员、集装箱卡车司机。

(二)工作内容

① 集装箱场站计划部的计划员会通过 E-mail 或 FTP 等数据传输途径获取转栈 EDI 文件。原始的 EDI 文件实际上是以 .edi 为扩展名的文本文件,可以用记事本工具打开,完成批量信息的导入、导出及维护。

② 按照码头公司对出口集装箱进场的有关规定,根据集装箱码头操作系统中维护的进箱期安排进场。

③ 在集装箱码头操作系统中将可以进场的船舶改为近期计划,输入具体的进箱时间及危险品进箱时间。堆场计划员在软件中进行堆场安排。多路作业的(干线船),在规划定义的箱区分散堆放;一路或两路装船作业的(支线船),堆场尽量集中堆放。干线船的出口箱位置按几个箱区轮流依次逐个位置安排进箱,一般是在一个位置进箱完后,再安排下一个箱区位置;在堆场位置宽松的条件下,也可按照交替进箱的方式;在某种集装箱集中进场时,也应按照交替进箱的方式。提前进场箱和延迟进场箱进场均须在受理中心预约后方能进场。

④ 集装箱场站提前通告车队具体的进场时间。

⑤ 场站及外拖出口箱凭 D/R 第 2、3、4 联,拼箱须出具装箱单,通过码头大门入港。

⑥ 闸口收到 D/R,根据出口箱入港清单核对海关放行章及每个集装箱的规格、箱类型、箱号,做箱体状况的检查。出口箱进入闸口需要验箱,其目的一是保证运输安全,二是划清责任。

⑦ 闸口业务员在入闸前的物理检验区,手持终端(射频装置)扫描箱信息和车信息,将车号、箱号等信息读入终端,并查验箱体状况(顶面除外,因为检验员看不到集装箱顶面),通过终端将信息发到主控室。

⑧ 理货员应当凭集装箱设备交接单受理集装箱的收、发手续,并再次检查集装箱及其交箱文件,主要核对装箱单、场站收据、集装箱箱号及其尺寸。仔细检查集装箱有无铅封,并记录该集装箱的封条号码。

⑨ 集装箱码头工人打开集装箱旋锁使集装箱与车架分离。集装箱旋锁利用 4 个底角件加以固定。

⑩ 通过集装箱码头操作管理系统发出电子指令给堆场内龙门起重机驾驶员或叉车驾驶员。

⑪ 装卸设备驾驶员根据从计算机操作管理系统发出的电子指令将该货物的集装箱卸

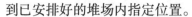

到已安排好的堆场内指定位置。

⑫ 龙门起重机驾驶员或叉车驾驶员将正确的收箱位置（即堆场箱位）输入到计算机中，更新码头操作管理系统中的数据。

⑬ 卸箱完毕后，理货员在堆场作业纸上签字确认，集装箱卡车司机凭堆场理货人员签字的该票货物所对应的集装箱堆场作业纸及设备交接单出门，驶离码头。

⑭ 营业厅接单员在审核了客户的提单（包括提货单、交货记录、费用账单三联）后，确定提单手续已办妥，即代理放箱章、代理放货章、海关放行章、出入境检验检疫章、外理理货章、收货人签章已齐全。

⑮ 出场计划员在接收营业厅接单员交付的客户资料后，完成相关数据资料的信息录入，制订出场计划。

⑯ 出场计划员核对无误后，将正本提单转给结算员收费。

⑰ 营业厅接单员从结算员处取回正本提单后，在设备交接单出场联的码头联上加盖货运专用章交客户，同时在系统的集装箱货物管理和集装箱预约中预约放行。

⑱ 拖车司机向现场理货员提交设备交接单和提箱计划表。现场理货员根据提箱计划表，核对集装箱重箱放行章和截止日期（如果发现日期不对，且产生了额外的费用，那么应要求拖车司机去补费，待拖车司机补费回来出示交费发票后），指挥放箱，并向业务系统录入变更后的箱位。提箱完毕后，现场理货员在提箱计划表上签字，拖车司机拿着提箱计划表和设备交接单拉着集装箱出场。当工班快要结束时，开具内部核算作业票返给调度员。闸口理货员核对提箱计划表和设备交接单的有效性，核对无误后，录入提箱车牌号，回收提箱计划表和设备交接单堆场联，打印集装箱出门证并销机放行。

⑲ 交班时，理货员将内部核算作业票返给调度员，调度员复核后，分发内部核算作业票给堆场机械操作员、统计员。闸口理货员将提箱计划表返给业务员，设备交接单堆场联按日归档备查。

⑳ 计划员根据提箱计划表与系统内数据核对业务系统的出场数据，将提箱计划表留档。月底根据转栈进场实际出场情况制作码头转栈补贴表及外付费用表，计费凭结算员与码头确认完毕的转栈补贴表及外付费用表，与系统核对后，与码头对账结费。统计员根据内部核算作业票与系统核对数量，并建立作业统计清单。

㉑ 集装箱卡车载箱后驶经出场检查口，司机递交发箱凭证，闸口业务人员核对所载运集装箱箱号，并与司机检验箱体和铅封，在集装箱设备交接单上共同签字确认后，集装箱卡车拖重箱驶离码头。

数字化运营

一、进场

（一）进箱预录

选择"进箱预录"|"手工录入"命令，打开"进场信息手工录入"对话框，如图 5-1 所示。

选中"非计划"单选按钮,录入箱子信息。

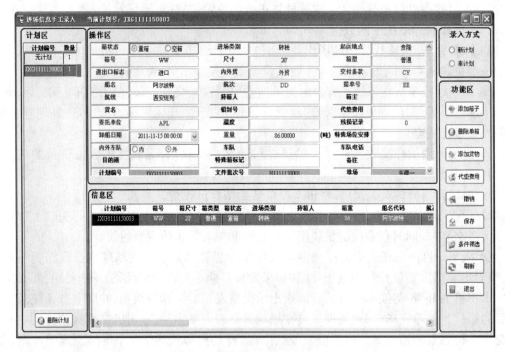

图5-1　进场信息手工录入

(二)制订进箱计划

由于选择的是"非计划",这时就需要制订进箱计划。登录系统窗口后,单击"进场计划"菜单,选择"进箱计划"命令,出现"进箱计划管理"对话框。在"计划制定"选项卡中选中要制订计划的箱子,单击下箭头按钮,选中的箱子就被导入到下方。在下方选中箱子,单击"制定计划"按钮,此计划制订成功。

当需要将两个或多个计划合并为一个计划时,需要用到计划合并功能。在"进箱计划管理"对话框中,选中将要合并的多个计划——具体方法是在这些计划前方的小块内打钩,然后单击"计划合并"按钮,将计划合并。当该预录计划对应的箱子已经进入到堆场后,单击"计划完成"按钮,弹出信息提示框,如图5-2所示。单击"是"按钮,这时该计划对应的预录信息将全部导入历史,所以道口处不可再进箱;单击"否"按钮,可退出该窗口。

图5-2　计划完成提示

当单击某一个制订好的计划时,在窗口右边会显示此条计划所包含的所有箱子信息,如图5-3所示。当需要退订某个集装箱时,先选中此集装箱,单击"计划退订"按钮,系统即提示此集装箱退订成功。完成批量修改后,单击"保存修改"按钮。

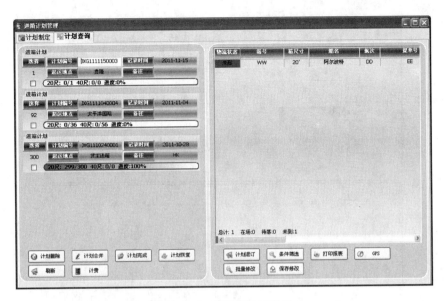

图 5-3　进箱计划管理

（三）场地策划

当集装箱被集装箱卡车拉进堆场后,需要进行场地策划。单击系统窗口上的"进箱计划"菜单,选择"场地策划"命令即可进入场地计划编制对话框,如图 5-4 所示。

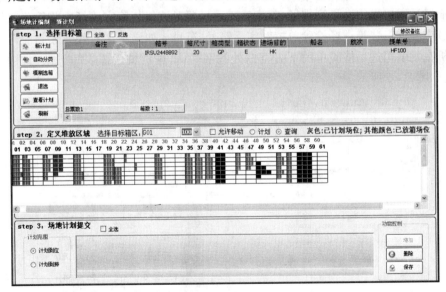

图 5-4　场地计划编制

（四）进箱车辆进场

选择"道口作业"菜单下的"进箱进场"命令,输入即将进场的集装箱箱号信息和车牌号信息,并与实际的进箱信息进行比对。如果信息一致,即可单击"进场确认"按钮,完成进场车辆道口进场操作,如图 5-5 所示。

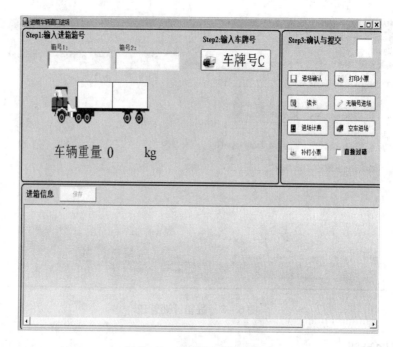

图 5-5　进箱车辆道口进场

（五）场内收箱确认

车辆经过道口操作进入到堆场，就意味着堆场要对该集装箱完成场内收箱确认操作，现场理货员应根据集装箱进场检验单核对实际箱号、车号。如果箱体有残或铅封脱落，则要求拖车司机在集装箱进场检验单的下方空白处签字确认，理货员指挥装卸机械司机卸箱并录入箱位，如图 5-6 所示。

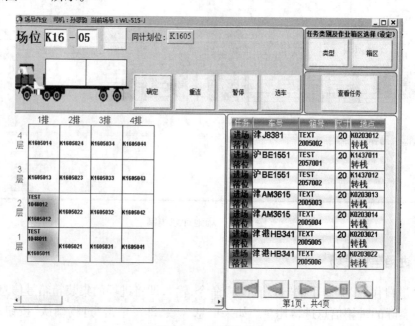

图 5-6　场吊作业

二、离场

（一）重箱出场

当货主或货主委托其他人计划提箱时，需要制订重箱出场计划。单击堆场生产管理系统窗口上的"作业计划"菜单，选择"重箱出场计划"命令，打开"重箱出场计划"对话框，如图5-7所示。

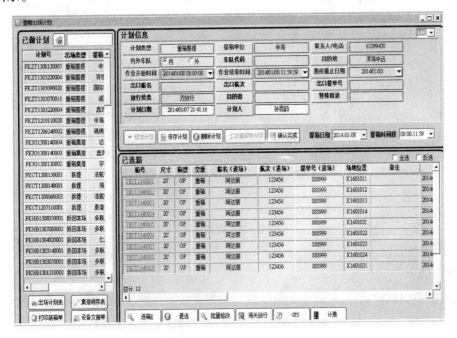

图5-7　重箱出场计划

（二）空箱出场

空箱出场计划的制订与重箱计划的制订类似，空箱出场计划的类型包括整提、集港、装箱、租箱。其中，整提是指空箱提箱；集港是空箱集港；装箱是整箱装箱和拼箱装箱；租箱是指空箱转租和空箱退租。选择堆场生产管理系统窗口上"作业计划"菜单下的"空箱出场计划"命令（见图5-8），进入"空箱出场计划"对话框。

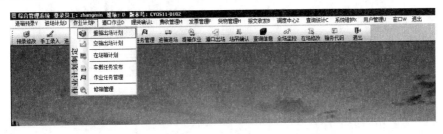

图5-8　空箱出场计划

（三）费用结算

当出场计划制订完成后,进行费用查询和统计,完成费用结算手续,如图5-9所示。

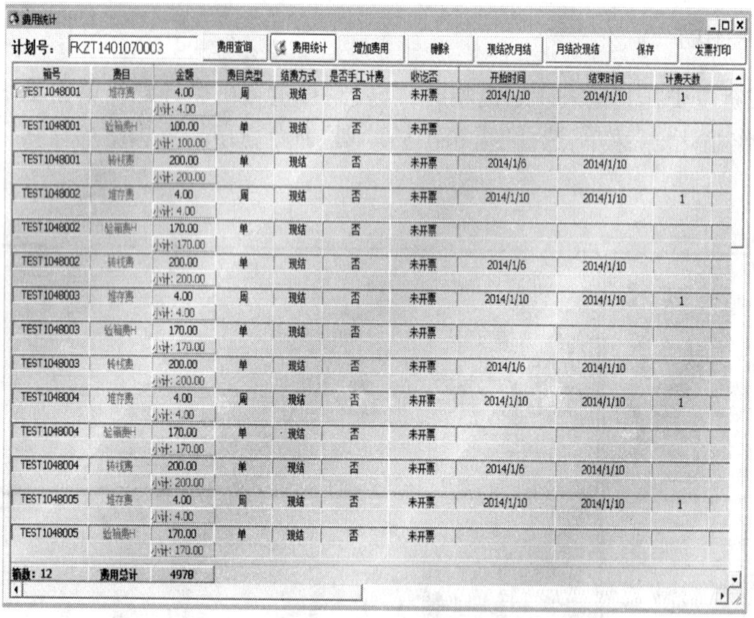

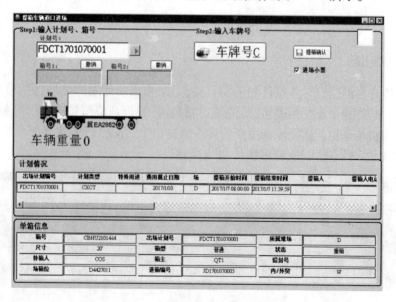

图5-9 费用统计

（四）提箱车辆出场

场内提箱得到确认后,提箱车辆就该进行出场作业。选择系统窗口上"道口作业"菜单下的"提箱作业"命令,打开"提箱车辆道口进场"对话框,如图5-10所示。

图5-10 提箱车辆道口进场

（五）场吊确认

理货员进行场吊选择，如图 5 - 11 所示。场吊司机将集装箱从堆场吊出后，放置在对应的集装箱拖车上，完成场吊确认操作。

图 5 - 11　场吊选择

（六）道口出场

集装箱拖车装箱完毕，驶往堆场闸口。闸口业务员在"道口作业"菜单中选择"道口出场"命令，完成道口出场操作，如图 5 - 12 所示。

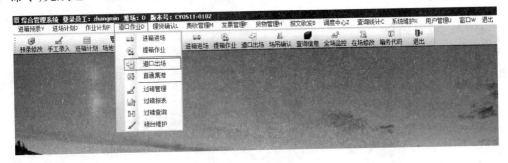

图 5 - 12　道口出场

任务测评

2017 年 9 月，某进出口贸易公司（以下简称 A 公司）出口一批货物。出口港为天津新港，共计 10 个集装箱。**要求**：请根据相关信息，完成堆场信息统计表中的堆场箱位号及堆场费用合计项目，如表 5 - 2 所示。

表 5 - 2　堆场信息统计表

箱　号	船名/航次	开仓日	截关日	预约进场日	箱型	离　场	堆场箱位号	堆场费用合计
BHCU3066303	ESTAR068	3 - 8，MAR	8，MAR	3，MAR	20'重	13，MAR		
AKLU6300375	ESTAR068	3 - 8，MAR	8，MAR	3，MAR	40'重	13，MAR		
BMOU2325286	ESTAR009	3 - 8，MAR	8，MAR	3，MAR	20'空	15，MAR		
BMOU2342534	ESTAR009	1 - 6，MAR	6，MAR	3，MAR	20'重	15，MAR		
BMOU4137164	HANJIN/0236	1 - 6，MAR	6，MAR	2，MAR	45'重	14，MAR		
BSIU2318385	HANJIN/0236	1 - 6，MAR	6，MAR	2，MAR	20'重	14，MAR		

1. 根据出口舱单信息完成混合箱进离堆场操作全部流程并完成合理堆存。
2. 根据操作总结混合箱堆存策略。

任务六

小批量箱进离堆场管理

知识目标

1. 能够说出小批量箱进离堆场的操作流程。
2. 能够说明小批量箱进离堆场作业中各个岗位的工作任务及岗位职责。

能力目标

1. 能够完成小批量箱进离堆场作业各个岗位之间的信息流转。
2. 能够利用系统软件实现小批量箱进离堆场管理。

任务引入

2017 年 7 月,某市轻工进出口公司(以下简称 A 公司)出口各国纸板。出口港为天津新港,共计 5 个集装箱。试根据表 6 - 1 信息完成进离堆场操作。

表 6 - 1　小批量箱进场信息

箱　号	航　次	开仓日	截关日	预约进场日	箱型	离场	目的港	堆场费用合计
BHCU3066303	0512E	3 - 8,MAR	8,MAR	3,MAR	20'重	13,MAR	鹿特丹	
AKLU6300375	0512E	3 - 8,MAR	8,MAR	3,MAR	40'重	13,MAR	鹿特丹	
BMOU2325286	0187 - 090W	3 - 8,MAR	8,MAR	4,MAR	20'空	15,MAR	纽约	
BMOU2342534	0187 - 090W	3 - 6,MAR	6,MAR	3,MAR	20'重	15,MAR	纽约	
BMOU4137164	0187 - 090W	3 - 6,MAR	6,MAR	2,MAR	45'重	15,MAR	纽约	

任务分析

在完成小批量箱进离堆场的操作时,应把握不同航线航次、不同箱型、不同进离场时间的特点,完成箱子堆存策划和相应的堆场管理工作。

相关知识

一、集装箱牵引车拖车

集装箱运输就是将货物装在集装箱内,以集装箱作为一个货物集合或成组单元,进行运输、装卸、搬运的运输工艺和运输组织形式。在集装箱的陆路运输当中,最重要也是最常见的运输工具就是集装箱牵引车拖车,如图 6－1 所示。

图 6－1　集装箱牵引车拖车

（一）结构与分类

该车可分为两部分。一部分是集装箱牵引车,如图 6－2 所示。它是提供运输动力,本身不具备装货平台,必须与集装箱拖挂车连接在一起,才能拖带集装箱进行码头内的搬运或公路上的运输。另一部分是拖挂车,有半挂车和全挂车之分,目前应用最为广泛的是半挂车。

图 6－2　牵引车

（二）特点

使用集装箱牵引车拖车的优点如下。

① 使用装卸效率高,损坏率小,且能够减少集装箱在港的操作次数。

② 工作组织简单,对装卸工人和管理人员的技术要求不高。

使用集装箱牵引车拖车的缺点如下。

① 由于底盘车的需求量大,且投资大,在运量高峰期可能会出现因底盘车不足而间断作业的现象。

② 不易实现自动化作业。

二、集装箱跨运车

(一) 工作原理

集装箱跨运车(见图6-3)是集装箱码头和中转站进行堆场搬运、堆码集装箱的专用机械。它以门型车架跨在集装箱上,并由装有集装箱吊具的液压升降系统吊起集装箱,进行搬运和堆码——吊具能侧移、倾斜和微动以满足对位的需要。可以用跨运车在堆场上装卸集装箱牵引挂车。

图6-3 集装箱跨运车

(二) 特点

跨运车的优点如下。

① 跨运车可以一机完成多项作业(包括自取、搬运、堆垛、装卸车辆等),减少码头的作业环节及机械的配备,便于码头现场的生产组织管理并节省成本。

② 跨运车机动灵活,作业中箱角对位快、作业效率高。集装箱装卸桥只需将集装箱卸在码头前沿,无须准确对位,跨运车可自行抓取运走。与集装箱牵引车拖车相比,跨运车的作业效率是其2倍以上。

③ 跨运车堆场利用率高,所需占地面积较小。相对于底盘车堆码,跨运车可以堆码2至3个箱高,堆场利用率较高。

跨运车的缺点如下。

① 跨运车造价较昂贵,且由于机械机构复杂、液压元件较多,所以故障率较高。

② 跨运车的车体较大,驾驶室位置高、视野差,对司机的操作熟练程度要求较高。

③ 轮压较大,对堆场运行通道和码头前沿要求较高的承载能力。

④ 占用通道面积较大、土建工程投资大,不能用于铁路车辆联运作业等。

三、集装箱叉车

集装箱叉车是为适应集装箱作业的需要,从普通的叉车发展起来的,主要用于在货场进行装卸、堆码、短距离搬运和车辆的装卸作业。

(一)分类

集装箱叉车有侧面叉和正面叉两种:侧面叉(见图6-4)只有2个旋锁,只能叉取空箱,故又称为空箱堆垛机;正面叉(见图6-5),有4个旋锁,可以叉取重箱。

图6-4　集装箱叉车(侧面叉)

图6-5　集装箱叉车(正面叉)

(二)特点

集装箱叉车的优点是灵活性强、单机造价低;缺点是堆层少,并需要留有较宽的通道,导致堆场利用率低。因此,集装箱叉车通常只适用于吞吐量不大(约3万标准箱左右)的集装箱码头或普通综合性码头。

四、集装箱正面吊运机

（一）作用

集装箱正面吊运机（见图6-6）简称正面吊，配备有可以伸缩和左右旋转120°的吊具，臂架可以升降和伸缩，从而堆码多层集装箱，并可跨箱作业——需要留有较宽的通道。

正面吊的具体作用是有以下几点。

① 将集装箱从拖车上面卸下来。

② 在集装箱堆场进行空、重箱的堆高。

③ 抓取集装箱，移动到要求的地方。

④ 将集装箱从堆场装上车。

图6-6 集装箱正面吊运机

（二）特点

与集装箱叉车相比较，正面吊机动性更强、安全稳定性好、操作方便、堆码层数高、场地利用率高、所需作业通道较小且操作安全可靠。正面吊比较适合中、小港作为配套机械选用，是集装箱码头堆场较为理想的一种搬运机械。

五、龙门起重机

龙门起重机简称龙门吊。龙门吊系统（transfer crane system）工艺是荷兰阿姆斯特丹港建设码头时最先采用的，又称集装箱海上运输公司方式（Container Marine Lines system，CML），是一种在集装箱场地上进行集装箱堆垛和车辆装卸的机械。龙门起重机有轮胎式（又称无轨龙门吊）和轨道式（又称有轨龙门吊）两种形式。这种工艺方式是把从集装箱船上卸下来的集装箱用场地底盘车（或其他机械）从船边运到场地，在场上采用轮胎式龙门吊或者轨道式龙门吊进行堆装或对内陆车辆进行换装。

（一）轮胎式龙门起重机

轮胎式龙门起重机(rubber-tired transfer crane)（见图6－7）又称轮胎吊，主要特点是机动灵活、通用性强。它不仅能前进、后退，而且还能左右转向90°,设有转向装置，可从一个堆场转向另一个堆场进行作业。

图6－7　轮胎式龙门起重机

轮胎式龙门起重机的跨距是指两侧行走轮中心线之间的距离。跨距大小取决于所需跨越的集装箱列数和底盘车的通道宽度。根据集装箱堆场的布置，通常标准的轮胎式龙门起重机横向可跨6列集装箱和一条车道，可堆3至4层。

一般轮胎式龙门起重机的跨度为23.47 m,这样箱区的排数就是6排。堆箱层数是视轮胎式龙门起重机的高度而定的，不同类型的轮胎式龙门起重机系统的堆垛高度也不同，一般是4至5层。轮胎式龙门起重机的两种堆存方式如图6－8所示。

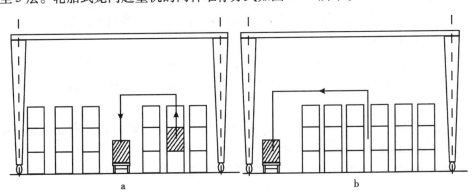

图6－8　采用轮胎式龙门起重机的两种堆存方式

（二）轨道式龙门起重机

轨道式龙门起重机(rail mounted transfer crane)（见图6－9）是集装箱码头堆场上进行装

卸、搬运和堆垛作业的一种专用机械,一般比轮胎式龙门起重机大,堆垛层数多。最大的轨道式龙门起重机横向可跨 19 列集装箱和 4 条车道,可堆 5 层高。轨道式龙门起重机是沿着场地上铺设的轨道行走的,因此只能限制在所设轨道的某一场地范围内进行作业。轨道式龙门起重机确定机械作业位置的能力较强,故较易实现全自动化装卸,是自动化集装箱码头比较理想的一种机械。

图 6-9 轨道式龙门起重机

轨道式龙门起重机的优点如下。

① 运行时稳定性好,维修费用低,即使初始投资稍大,但会降低装卸成本。

② 搬运起重机方式的箱列之间可不留通道,紧密堆装,因此在有限的场地面积内可堆存大量的集装箱,场地面积利用率很高。

③ 在场上搬运起重机的运行方向一致,动作单一,故容易采用计算机控制,实现操作自动化,因此在现代化集装箱码头上是一种比较理想的机种。

轨道式龙门起重机的缺点如下。

① 由于堆装层数较高,如果需取出下层的进口集装箱,就要经过多次倒载才能取出,在操作上会带来许多麻烦。

② 场上配机数量一般是固定的,故不能用机数来调整场地作业量的不平衡,因此当货主交接的车辆集中时,可能会发生较长的待机时间,如果搬运起重机发生故障,就会迫使装卸桥停止作业。

③ 搬运起重机自重较大,轮胎式搬运起重机的轮压一般为 20 t,轨道式搬运起重机比轮胎式的轮压更大,而且堆装层数多,故场地需要重型铺装。

④ 大跨距的搬运起重机由于码头不均匀下沉,可能会引起轨道变形,有时会影响使用。

六、装卸工艺

装卸工艺是运输企业的生产方法,其实质是实现运输企业生产过程中货物或者旅客位移的方法或程序。

集装箱装卸工艺是实现运输企业生产过程中集装箱位移的方法或程序。这种方法或程序是集装箱在整个搬运过程中所采用的工艺流程,是各种集装箱装卸机械之间相互配合作业的过程,也是运输企业集装箱装卸作业的基础。根据集装箱装卸作业的标准与集装箱装卸机械设备的组合形式,可以产生不同的作业方式,这些方式就称为集装箱装卸工艺方案。因此,集装箱装卸工艺方案也是各种集装箱装卸机械、各种装卸作业方式的组合体。选择合理的工艺方案,可以提高集装箱运输企业的装卸作业效率,获得最佳的经济效益。

选择集装箱装卸工艺方案是集装箱运输企业经营者的一项重要决策,直接影响到集装箱装卸效率的高低、投资的大小、集装箱集疏运的快慢及集装箱运输的成本。选择集装箱装卸工艺方案应遵守以下基本原则。

① 有效地利用区域。

② 加快集装箱船舶的周转。

③ 堆场和通道的合理布置。

④ 装卸机械机型的合理选择与配套。

⑤ 合理、有效的堆场作业方式。

⑥ 具有快速的信息处理能力。

⑦ 工艺方案的有效性(应以减少作业环节、减少倒载次数、减少人力操作、降低劳动强度为前提)。

事实上,要同时满足上述要求是相当困难的,有时甚至是相互矛盾的。集装箱运输企业的经营者应研究集装箱运输过程中各项原则的主次,最终选择一个符合实际要求的集装箱装卸工艺方案。

任务实施

(一) 涉及工作人员

本任务的实施涉及的工作人员:堆场工作人员。

(二) 工作内容

本次任务我们需要明确堆场的各项业务内容。

1. 商务管理

商务管理业务如表6-2所示。

表6-2　商务管理业务

模　块	功　能	说　明
客户管理	箱属档案维护	维护集装箱箱属档案信息
	客户档案维护	支持多货主的客户档案管理
	客户与箱属对应关系定义	维护客户与箱属的对应关系

（续表）

模 块	功 能	说 明
业务关系定义	服务大类定义	支持服务大类的定义，如集装箱服务类、仓库服务类
	服务类型定义	支持服务类型的定义，如拆箱、装箱
	业务费目定义	支持堆场收费项目的定义，如堆存费、搬移费
	开票费目定义	支持财务开票收费项目的定义
	业务费目与开票费目关系定义	定义业务项目与财务开发票时的开票费目的对应关系
合同管理	应收合同	支持标准合同、客户化合同，支持现金结、月结等多种结算方式
	应付合同	支持按件、按吨、按货值、梯形价格等计费方式

2. 基础资料

业务涉及的基础资料如表 6-3 所示。

表 6-3 业务基础资料

模 块	功 能	说 明
船舶管理	船舶定义	定义船舶的基础信息
	船舶计划	定义船期的基础信息
货物管理	货物类型定义	我方不同收费的货物类别分类
	货物名称定义	常用的货物名称定义
集装箱管理	箱型定义	集装箱箱型定义
	尺寸定义	集装箱尺寸定义
	箱高定义	集装箱箱高定义
闸口管理	闸口定义	定义堆场各区域的闸口属性

3. 业务规划

业务规划项目如表 6-4 所示。

表 6-4 业务规划项目

模 块	功 能	说 明
堆场设置	堆场定义	通过区、段、贝、行、层定义出堆场的场位
	场位状态颜色定义	通过不同的颜色设定标识层高、计划状态等
	堆场图形定义	提供用户可自定义的图形化堆场绘制工具
堆场规划	堆场区域规划	按功能区域划分堆场的场位
	堆存规则定义	给不同的功能区域设定堆存规则
	堆存策略定义	系统可按堆存策略自动分配指令和给位
仓储设置	仓储定义	支持多点多仓
	场位状态颜色定义	不同业务状态显示的颜色、设备等图形标识
	仓储图形定义	提供用户可自定义的图形化仓储绘制工具

4. 堆场服务

堆场服务项目如表 6-5 所示。

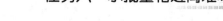

表6-5 堆场服务项目

模 块	功 能	说 明
客户委托	进场委托	系统支持疏港、外提、返空、寄存等多种进场方式
	出场委托	系统支持集港、外提、寄存等多种出场方式
场内作业任务	摆箱与移箱任务	系统支持箱的平铺摆箱和批量移箱作业
	空箱场内倒运任务	系统支持对场地空箱批量倒运作业
	配箱任务	系统支持按货主的用箱要求对场地配箱作业
计划管理	装箱重箱整理归垛计划	客服制订装箱完成的重箱堆存计划
	备装箱摆箱与移箱计划	客服制订备装箱的空箱摆箱或搬移计划
	空箱卸船进场计划	客服制订备装箱的空箱摆箱或搬移计划
	空箱转栈进场计划	客服制订空箱转站进场的作业计划
	重箱转栈进场计划	客服制订重箱转站进场的作业计划
	普通空箱集港出场计划	客服制订普通空箱集港出场的作业计划
	特殊空箱打捆计划	客服制订特殊空箱打捆的作业计划
	特殊空箱集港出场计划	客服制订特殊空箱集港出场的作业计划
	空箱场内倒运计划	客服制订空箱场位倒运作业的作业计划
	拆箱回场计划	客服制订拆箱回场的集装箱作业计划
现场管理	进场办单	系统提供办单大厅的管理,司机可以办理各种进场预约
	出场办单	系统提供办单大厅的管理,司机可以办理各种出场预约
	中控调度	系统提供图形化工具,与现场车载和手持终端设备结合,辅助中控调度下达指令和监控指令完成进度
	拖车监控	系统可以通过拖车的GPS和车载终端监控拖车位置与作业状态
	车载终端	系统提供图形化的车载终端作业窗口,辅助场桥、正面吊、堆高机等作业设备的实时指挥调度
作业查询	在场箱信息查询	系统提供在场箱的实时库存查询
	历史箱信息查询	系统提供对历史集装箱在场地的移动轨迹的查询
	进出闸作业查询	系统提供闸口作业的清单查询
	场内倒运作业查询	系统提供场内倒运作业的清单查询

5. 专项服务

专项服务项目如表6-6所示。

表6-6 专项服务项目

模 块	功 能	说 明
查验业务管理		系统提供海关商检重箱查验流程
冷藏箱业务管理		系统提供冷藏箱打冷、PTI、空箱报检等流程
修箱业务管理		系统提供箱体的检查、坏箱标注、维修状态等管理

6. 保税服务

保税服务项目如表6-7所示。

表6-7　保税服务项目

模　块	功　能	说　明
保税入区服务委托		系统支持进境入区、出口入区等保税港区的管理流程
保税出区服务委托		系统支持进口出区、出境出区等保税港区的管理流程

7. 设备管理

设备管理项目如表6-8所示。

表6-8　设备管理项目

模　块	功　能	说　明
设备档案维护		系统管理场桥、正面吊、叉车等设备的基础档案管理
设备保养计划		系统可依据不同的设备设定不同的保养计划,系统可自动提醒
设备故障登记		与备件管理结合,统计维修成本和备件成本
设备作业理论耗油量维护		系统设定标准的耗油量作为考核指标
设备加油登记		支持加油卡和日常加油信息的登记,统一管理

8. 闸口管理

闸口管理项目如表6-9所示。

表6-9　闸口管理项目

模　块	功　能	说　明
入闸登记		与客服的任务关联,管理各种业务的进闸
出闸登记	堆场	与客服的任务关联,管理各种业务的出闸
	仓储	与客服的任务关联,管理各种入出库业务

9. 财务管理

财务管理项目如表6-10所示。

表6-10　财务管理项目

模　块	功　能	说　明
计费	应收计费	在业务流程中选择合适的计费点,根据应收合同自动计费
	应付计费	支持按标准合同计费和代收代付两种模式
	其他费用计费	支持非标准合同的费用录入和费用冲红冲黑
对账	费用审核	依据客户反馈单证对系统计费进行审核
	客户对账单	按照客户和供应商的结算周期产生对账单,进行费用确认
结算	开发票/收发票	依据确认后的对账单开具发票或收取发票
	收款/付款	财务依据发票进行收款、付款,系统提供账龄分析报表
	核销	收付款完成后商务人员在系统中对费用进行核销
财务系统接口	应收/应付系统接口	与财务系统的主数据信息同步,支持自动创建应收应付凭证
	金税系统接口	建立业务科目与财务科目对应关系,支持发票打印

数字化运营

一、堆存策划

由于进场箱数量增多,需要查看堆存整体策划,如图6-10所示。

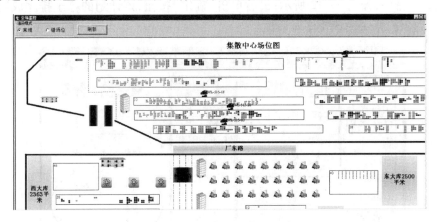

图6-10　堆存整体策划

二、进场

(一)进箱预录

小批量箱的进场预录,可以单击菜单"进箱预录",选择"EXCEL 导入"或"EDI 导入"命令方便地导入箱信息。选中一个文件导入后单击"保存"按钮,如图6-11所示。

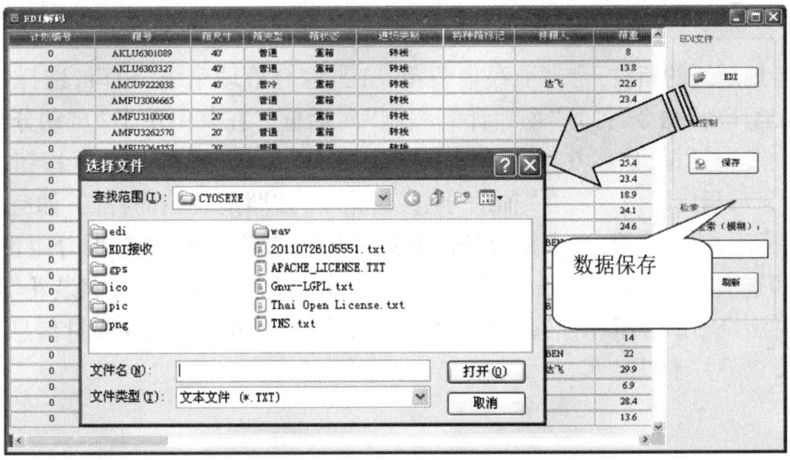

图6-11　进箱预录

（二）制订进箱计划

进箱预录信息操作完成后，进入计划制订模块，完成计划制订。如果选择多个箱子，有时候会按一定的条件进行排序，单击"进箱计划管理"对话框中的"排序"按钮。"排序"是指按照箱尺寸、箱状态、船名等进行排序。对话框左侧是排序的列，包括箱尺寸、箱状态、进场类别、船名、航次、提单号等信息。窗口左侧的列，可以拖动至窗口右侧。

具体操作是：首先把这些信息拖到右边的列里面，第1个拖进去的放在最上面，最先按这一信息进行排序，如图6－12所示；最后单击"确定"按钮，该计划的箱子排序成功。如果单击"取消"按钮，则关闭该排序对话框。

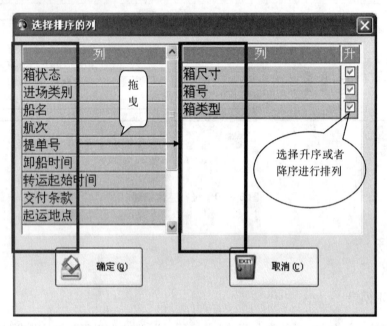

图6－12　进箱排序

（三）场地策划

根据已经规划好的箱位，合理堆存集装箱。在"综合管理系统"窗口，选择"进场计划"菜单下的"场地计划"命令，打开"场地计划编制"对话框。在其中单击"自动分类"按钮，打开"选择集装箱"对话框，如图6－13所示。选择某一个计划，单击"确定"按钮，在"辅助分组"窗格中会显示相应的信息。在"辅助分组"窗格中，按照集装箱的特征，如空重、箱尺寸、箱型、特种箱标记、持箱人等，选中符合条件的集装箱。如果选择了"辅助分组窗格"里的条件，再选择"摘选大票"窗格里的条件，如提单号、箱数、船名等，在"选择集装箱"对话框下方就会出现同时满足辅助分组和预选大票两个条件的箱子。箱子的统计数量信息和已选数量信息均会在窗口下方予以显示。

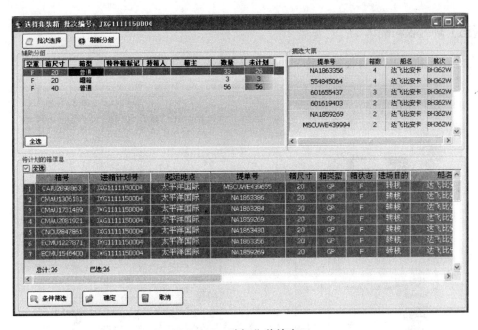

图6－13　选择集装箱窗口

（四）进箱车辆进场

在道口操作中，闸口业务员输入进箱箱号和车牌号信息，完成进场确认，如图6－14所示。

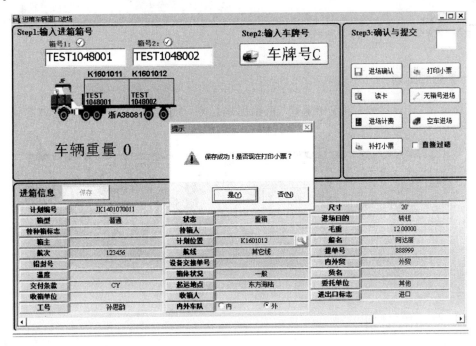

图6－14　进箱车辆道口进场

（五）场内收箱确认

由场吊司机完成场内收箱工作,如图6-15所示。

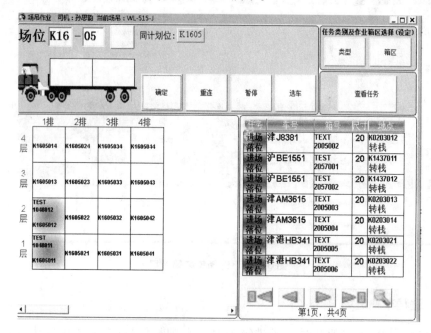

图6-15　场吊作业

三、离场

（一）重箱出场

计划员在"作业计划"菜单中选择"重箱出场计划"命令,完成重箱出场计划的填制,如图6-16所示。

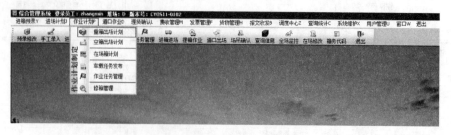

图6-16　重箱出场计划

（二）空箱出场计划

计划员在"计划制订"模块中,计划类型选为"空箱提箱",完成空箱出场计划的填制,如图6-17所示。

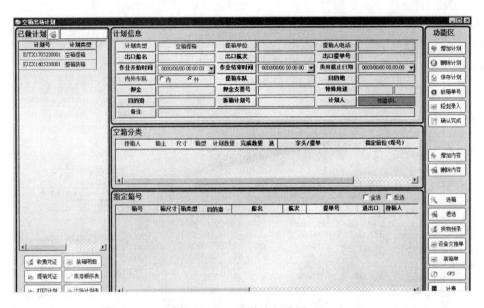

图 6-17　空箱出场计划

(三) 费用结算

单击"保存计划"按钮,打开"开票"对话框,为客户开票,如图 6-18 所示。

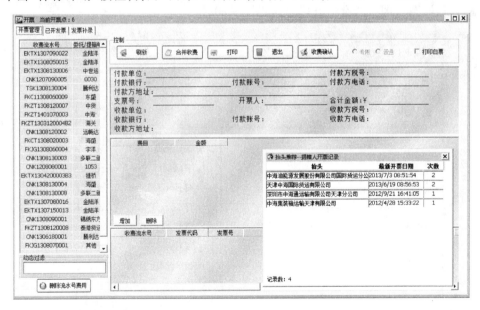

图 6-18　开票

(四) 提箱车辆道口进场

输入计划号或箱号,完成提箱车辆进场操作,如图 6-19 所示。

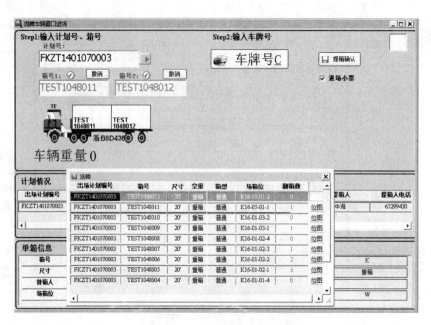

图 6 - 19　提箱车辆道口进场

（五）场吊确认

输入场位信息，即可查看任务列表，如图 6 - 20 所示。

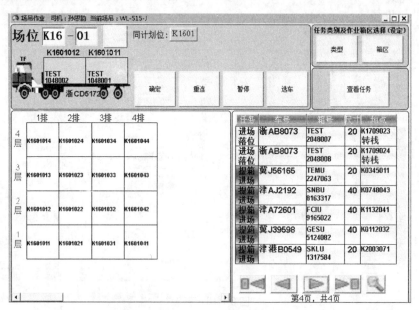

图 6 - 20　场吊确认

（六）道口出场

输入集装箱箱号后，即可查询到相应信息，办理道口出场业务，如图 6 - 21 所示。

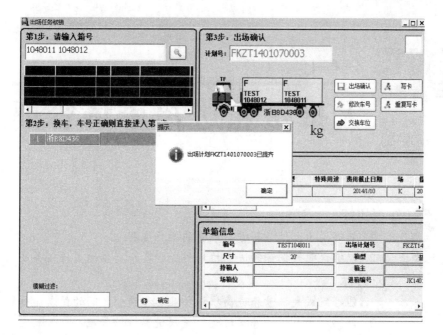

图 6-21　出场任务核销

任务测评

2017 年 9 月,某进出口贸易公司(以下简称 A 公司)出口一批货物。出口港为天津新港,共计 5 个集装箱。**要求:** 请根据相关信息,完成堆场信息统计表中的堆场费用合计项目,如表 6-11 所示。

表 6-11　堆场信息统计表

箱　　号	船名/航次	开仓日	截关日	预约进场日	箱型	离　　场	目的港	堆场费用合计
CLHU8917446	0045E	3-8,MAR	8,MAR	3,MAR	20'重	13,MAR	鹿特丹	
TEXU2986863	0045E	3-8,MAR	8,MAR	3,MAR	40'重	13,MAR	鹿特丹	
AMFU850330	0045E	3-8,MAR	8,MAR	4,MAR	20'空	15,MAR	鹿特丹	
GESU3493950	0187-090W	3-6,MAR	6,MAR	3,MAR	20'重	15,MAR	纽约	
TGHU8817843	0187-090W	3-6,MAR	6,MAR	2,MAR	40'重	14,MAR	纽约	

1. 根据堆场信息统计表完成小批量箱进离堆场操作全部流程并完成合理堆存。
2. 根据操作总结小批量箱堆存策略。

任务七

大批量箱进离堆场管理

知识目标

1. 能够说出大批量箱进离堆场的操作流程。
2. 能够说明大批量箱进离堆场作业中各个岗位的工作任务及岗位职责。

能力目标

1. 能够完成大批量箱进离堆场作业各个岗位之间的信息流转。
2. 能够利用系统软件实现大批量箱进离堆场管理。

任务引入

　　津冀国际集装箱码头有限公司由天津港集团和河北港口集团共同投资的渤海津冀港口投资发展有限公司与秦皇岛港股份有限公司出资组建,是津冀两港协同发展的重要里程碑。该公司现有 2 个 10 万吨级集装箱专业泊位,年通过能力 90 万 TEU。目前,该公司与中远海运、安通物流等航运公司合作,航线覆盖全国沿海各重要港口,同时可通过天津港、大连港中转至全球其他港口。下一步,津冀两港集团将紧密围绕优化津冀港口布局和功能分工、加快港口资源整合、完善港口集疏运体系、促进现代航运服务业发展、加快建设绿色平安港口、提升津冀港口治理能力六大方面共 18 项重点任务,共同推进双方在基础设施建设、公共服务、科技创新、现代物流、绿色港口等领域的合作,形成津冀港口布局规划"一张图",统筹建设"一盘棋"的格局,加快打造现代化港口群。与此同时,津冀国际集装箱码头有限公司也将借助、用好自身作为雄安新区最经济出海口之一的区位优势,积极依托津冀两地口岸对外开放的政策优势,对标国际一流港口,加大市场开发力度,推动智慧、绿色港口建设,全面完善提升集装箱码头作业流程及装卸工艺,进一步强化码头业务与天津港、河北省各港口及渤海新区周边物流园区、腹地企业产业、公路和铁路运输通道的有效对接,积极把自身打造成为津冀港口协同发展的示范项目,形成港口对区域经济带动和区域经济对港口支撑的互动发展格局,为雄安新区建设、"一带一路"建设和京津冀协同发展提供有力支撑。

　　作为现代化的堆场,该如何实现大批量集装箱进离堆场作业的管理呢?

任务分析

集装箱货物是在大规模生产方式的基础上开展起来的,所以必须将分散的小批量货物预先在内陆地区的某几个点加以集中,等组成大批量的货源后,通过内陆、内河运输将其运至集装箱码头堆场。大批量箱进离堆场的操作离不开集装箱堆场运营能力及服务水平的提高,因此需要不断地采用现代科技和新型高效的装卸设备,从而保障堆场高效地运营和管理。

相关知识

一、集装箱自动化无人堆场

堆场的自动化无人堆放是集装箱码头作业的发展趋势。由于影响和制约堆场堆放的因素较多,综合考虑各方面的因素并融合调度人员的经验,对集装箱进行合理高效的堆放一直是集装箱码头作业追求的目标。自动化无人堆场作为当今世界集装箱码头的发展趋势,对于提高集装箱堆场和设备利用率、降低运营成本起到非常重要的作用。

装卸工艺的创新是提高装卸效率的一个重要途径。但是,装卸工艺的创新必然会给堆场系统的设计带来许多新的技术问题,而且整个堆场系统的设计本身是一个复杂的系统工程问题,涉及多方面的技术,包括土建、堆场作业流程设计、堆场堆存管理、堆场运行控制与监控及堆场系统的安全等。如何根据堆场的装卸系统特点,采用合适的地基处理方法,设计出合理的堆场市局,制定完善的作业规则,设计满足堆场运行要求的具有较高自动化、信息化程度的运营管理系统等,都是提高集装箱堆场和设备利用率,实现集装箱堆场的自动化和无人化运行的关键技术问题。

早在20世纪80年代中期,在劳动力成本昂贵和熟练劳动力匮乏的地区,自动化运转集装箱码头首先受到关注,英国泰晤士港、日本川崎港及荷兰鹿特丹港纷纷规划建设自动化运转的集装箱码头。泰晤士港和川崎港自动化运转集装箱码头均计划采用分阶段建设的方法实施,但是由于后续的自动化设备开发的财政资助发生变化而搁浅。1993年,全球第一个自动化运转集装箱码头——荷兰鹿特丹港ECT码头Delta Sealand建成投产,实践证明其自动化运转的集装箱码头建设达到预期目标。之后,ECT又分别于1997年和2000年建成自动化运转码头Delta Dedicated East(DDE)和Delta Dedicated West(DDW)。2002年,德国汉堡Altenwerdet自动化运转码头也建成投产。国际集装箱自动化码头的发展大致可以分为3代。

第一代　以荷兰鹿特丹港ECT码头Ⅰ期和Ⅱ期为代表。这是目前已投入运营的自动化程度最高的码头。码头岸边设备为人工操作,水平搬运设备——自动导向车AGV和堆场设备RMG均为无人操作。另外,还有一部分作业实现自动化功能的集装箱码头。例如,新加坡PSA码头、中国香港HIT码头,主要是堆场作业实现自动化操作。

第二代　以德国汉堡HHLA－CTA码头为代表。这是目前正在试运行的最先进的自动化集装箱码头。码头自动化范围为从岸桥到堆场和堆场到集卡,岸边设备岸桥为半自动化操作,水平搬运设备 AGV 和堆场设备 RMG 均为无人操作。堆场装卸工艺为大、小穿越 RMG 与 AGV 相结合,RMG 在堆区两端完成装卸作业。

第三代 以荷兰鹿特丹港 EUROPMAX 码头为代表。这是尚在设计中的自动化集装箱码头。此类堆场自动化范围为从岸桥到堆场、堆场到集卡和堆场到轨道吊,岸边设备岸桥为半自动化操作,水平搬运设备 AGV 和堆场设备 RMG 均为无人操作,轨道吊为半自动化操作。另外,在港口装卸工艺方面,国内外各大港口也在不断创新,争相改进自己的装卸系统,开发设计高效率的集装箱装卸工艺和装卸系统。目前,应用最多的集装箱装卸工艺是岸边集装箱装卸桥——跨越车系统和岸边集装箱装卸桥——龙门起重机系统。但是,它们都避免不了岸桥到堆场的多次装卸作业,仅靠提高装卸机械的作业速度对提升装卸系统的效率作用不大。装卸效率的大幅提升还需要装卸工艺的改革。随着集装箱运输的发展和相关控制、生产技术的进步,新的工艺系统不断被研究试验,也促进了全自动化堆场的快速发展,比较典型的有马托松高架装卸系统和环形电动平车系统及环形电动平车系统。国内最近还提出一种港口集装箱 π 型装卸系统的设备及工艺,并获得国家发明专利。这些装卸工艺各具特点,适合不同的港口环境。

二、自动化无人堆场系统

(一) 装卸工艺

堆场装卸工艺采用的新型全自动化高低架轨道吊接力式装卸系统是世界首创,可将目前堆场的堆高从堆 4 过 5,提高到堆 8 过 9(标准箱高);设计的整个堆场共由 5 垛堆区组成,每个堆区配备 1 台 DRMG,堆场两端各配置 3 台 CRMG,组成 5 条装卸作业线;用于自动化堆场建设的场地占地面积为 263.85 m×245.24 m。

完成自动化堆场装卸作业的主要设备及功能有以下几种。

① 低架轨道吊 CRMG 用来将集装箱从集装箱卡车取出放到缓冲区的中间平台上(集装箱卡车卸箱过程),或者将集装箱由缓冲区中转平台取出放到集装箱卡车(集装箱卡车装箱过程)。它采用最新一代轨道式集装箱装卸桥,采用单小车单吊具,可 1 次起吊 1 个 40 ft 集装箱或 2 个 20 ft 集装箱。

② 高架轨道吊 DRMG。用来将集装箱从缓冲区中转平台取出放进堆场(集装箱卡车卸箱过程),或者将集装箱由堆场取出放到缓冲区中转平台(集装箱卡车装箱过程)。它采用最新一代轨道式集装箱装卸桥,具有双小车双吊具,可 1 次起吊 2 个 40 ft 集装箱或 4 个 20 ft 集装箱。

③ 集装箱拖挂车。它承担集装箱在码头的水平运输。在该堆场参与作业的集装箱卡车分为外集装箱卡车(社会集装箱卡车)与内集装箱卡车(集装箱码头内部集装箱卡车)。

利用该装卸工艺方案在自动化堆场的装卸过程为:DRMG 和 CRMG 在各自的轨道上运行作业,两者大车运行方向相互垂直;在每条堆放线两端和集装箱卡车的运行区之间布置有缓冲区,并安装集装箱中转平台,DRMG 和 CRMG 通过中转平台进行接力式作业,实现集装箱"多次装卸,一次集拼"的高效作业模式;DRMG 在堆放线的堆区内运行,负责完成集装箱的堆放、提取与翻箱作业,CRMG 则负责将集装箱卡车上的集装箱吊到中转平台或将中转平台上的集装箱吊到集装箱卡车上。

接力式装卸工艺在占地面积为 263.85 m×245.24 m 的堆场上的堆存能力为 15 360(5 垛×8 层×64 排×6 列)TEU。该工艺方案同时适用于码头重箱和空箱的作业要求,具有如下几个特点。

① 装卸集装箱卡车和堆存箱分别由 DRMG 与 CRMG 通过缓冲平台进行中转接力完成。堆区集装箱排列力向与集装箱卡车方向一致,并将垂直作业和水平作业分开。

② 集装箱卡车不进入堆区,在堆区两端完成装卸,在自动作业过程中确保司机的安全。

③ 通过缓冲平台,解决进出箱装卸能力不平衡的难题,同时其导板结构保证集装箱的快速落位,有助于规范进出箱区集装箱的位置,提高 RMG 提取箱的作业效率。

④ 创新设计了独立运行的双小车 DHMG,配上 2 个吊具,可以 1 次起吊 2 只 40 ft 或 4 只 20 ft 集装箱,并具有冗余功能。

⑤ CRMG 专门用来装卸集装箱卡车,易于实现防摇和定位,使集装箱卡车快速装卸,大大减少集装箱卡车的逗留时间。

(二)控制系统

自动化堆场控制系统将现代码头生产管理技术与自动化堆场的装卸工艺有效地结合起来,综合采用网络传输与管理控制技术、远程实时操作技术、远程自动监控与报警技术,通过图形化的操作管理窗口、远程对讲系统将整个自动化堆场的人、设备和集装箱卡车有机地结合起来,实现自动化无人堆场的实时生产指挥与控制,形成自动化无人堆场控制系统设计的典型应用。实现集装箱自动化无人堆场的高效运行,包括生产控制服务系统(GDS)、堆场任务管理系统(LDS)、远程操作站(ROS)及设备远程中央监控系统(CMS)。

(三)堆存管理与作业策略

高度自动化的堆场设备只有与正确的堆场堆存管理和作业策略规划相结合,才能充分发挥装卸设备自动化的优势。由于集装箱堆场为自动化无人智能堆场,因此需要按照生产计划及时准确地实现堆场自动化设备的实时调度,完成堆场的进出箱任务,实现堆场集装箱的信息管理。作业策略规划是码头作业生产的关键技术,受到诸多因素的影响和制约,合理高效的集装箱码头作业策略一直是集装箱码头作业所追求的目标。为满足这些要求,通过以下几个方面实现自动化堆场堆存管理和作业策略的优化,提高装卸效率,降低运营成本。

① 集装箱属性标志保证每个集装箱有唯一的编码,用于集装箱信息的管理。

② 堆场区域和缓冲区内任意位置的集装箱都具有唯一的编码,用于堆场设备对集装箱的自动化操作。

③ 通过对作业过程的分配与控制、CRMG 作业分配与 DRMG 作业分配的研究,并通过堆场 LDS 控制系统的实现,为自动化无人堆场的堆场作业提出合理的作业策略。

④ 合理设计堆场的作业流程,保证整个堆场各方面运行协调一致。

(四)智能道口系统

码头智能堆场进场道口主要是将进入智能堆场箱区的集装箱卡车号及装载的箱号信息自动识别并提交码头营运系统(TOPS)。它与已在进港大门作业系统中生成的作业任务进行校验,确保轨道吊作业指令与驶入的集装箱卡车装载信息的唯一匹配,同时将得到的业务系统任务反馈信息给集装箱卡车司机,让集装箱卡车司机明确应该进入的相应车道。

应针对现今集装箱运输车辆和集装箱的现状,并结合今后的发展趋势,设计一套用于集装箱自动化无人堆场的智能道口系统。该系统集成用于集装箱箱号识别的 OCR 自动识别技术和用于集装箱卡车号识别的 RFID 车辆识别技术,并结合电子信息提示牌及闸道系统、道口自助终端系统、配合红绿灯等多重保护装置完善系统功能,实现集装箱卡车信息和集装箱箱号高准确率识别。

(五)高垛空箱堆放的防风

建设的自动化堆场堆高达到堆 8 过 9,且为空箱堆场,因此针对自动化堆场的集装箱堆放的特点,应设计出框式防风方案。本方案的特点是能抵挡强风能力、充分利用堆场空间(防风框内堆放集装箱)。在堆场四周设置防风框,防风框由防风支架和横于集装箱中间的防风筋条组成,其中防风支架中是防风筋条的支撑。防风框内堆放集装箱,既能节省空间又能起到防风的作用。

(六)堆场系统安全技术

集装箱堆场作为港口重要的装卸作业场地,承担着集装箱的装卸、存储等重要任务,因此提高堆场系统的安全性对堆场的日常运营十分重要。

① 自动化堆场中每垛只配备 1 台 DRMG,所以必须保证每台 DRMG 工作的可靠性。可以看出,为了防止驱动器故障而影响整垛箱区的作业,在设计 DRMG 时便考虑局部故障对整垛箱区影响最小而为每台 DRMG 均有备用驱动,当其中任一驱动器发生故障时另一驱动能立即投入运行,从而不影响 DRMG 的正常运行。

② 在数字系统安全上建立一套完整的网络安全防护体系,包括防病毒系统、防火墙、入侵监测系统、安全漏洞扫描系统、健全的网络安全防护管理制度。它们互相配合、互相协同,充分发挥各自的作用,确保网络畅通和安全。

③ 自动化无人堆场采用的新型全自动化高低架轨道龙门吊接力式装卸系统,装卸效率达到 130 TEU/h,大大提高了堆场的装卸效率,降低了运行成本,并可将堆场的堆高能力从目前的堆 4 过 5(标准箱高)提高到堆 8 过 9(标准箱高)。系统测试结果表明:2 个自动化堆场箱区的堆存能力比目前堆高机堆场能力提高 20% 以上;成熟运行后,年通过能力可达到54 万 TEU。

自动化无人堆场的启用,减少和避免了集装箱在运输过程中的人为差错,降低了操作人员的工作强度,节省了运输成本,可全面提升港口集装箱装卸作业的服务水平和管理水平。

任务实施

(一)基于物联网的集装箱堆场管理需求

目前我国大多数港口主要通过人工或半自动方式采集集装箱信息,存在效率低、差错率高、不及时等缺点,影响后期数据信息的传输和应用。随着集装箱运输的发展,越来越多的集装箱堆场及其客户(包括船公司、集装箱制造公司及用箱公司等)要求建立信息共享平台,实现数据信息共享。除此之外,集装箱堆场管理还存在其他许多尚待解决的问题。

1. 集装箱识别精度较低

集装箱在进出堆场或在堆场堆存的过程中通过箱号进行识别,集装箱交接也以箱号为准。目前,经常采用的集装箱数据采集方法有人工采集和图像识别等。人工采集的数据有35%是不准确或不实时的,而采用图像识别方式进行监管则需要用四五台摄像机同时拍摄,成本较高,识别率也只能达到80%~90%,雨雾天气下的识别率则更低,对供应链的整体效率会造成一定影响。

2. 进提箱作业出错率较高

提箱作业指码头将堆场集装箱提供给客户的作业,这对堆场服务的准确性和高效性的要求较高。然而,受船公司放箱和收箱指令、堆场箱管信息、闸口工作人员发放指令、吊机工作准确度等因素的影响,堆场进提箱作业出错率仍居高不下。

3. 堆场管理依赖人工经验

目前,多数集装箱堆场的堆存区规划、箱位计划等均依靠人工经验安排。由于人工规划考虑的因素不够全面且精准度有限,具有很大局限性,所以部分堆场使用的堆场管理系统只能起到代替员工手工劳动的作用,无法为管理者提供有效的决策支持。

4. 翻箱率较高

翻箱问题在各个堆场普遍存在,部分堆场的翻箱率甚至达到20%左右。按堆场年处理箱量100万TEU计算,每年翻箱量能达到20万TEU;单位翻箱成本(包括人员成本、燃油费和维修费等)近30元人民币,每年翻箱成本接近420万元人民币。

针对集装箱堆场存在的上述问题,引入物联网,将RFID技术应用于集装箱自动识别和货物信息数据采集,实现物品追踪定位,从而解决集装箱识别精度较低的问题;所有集装箱的信息均能在系统里查找,减少各终端输入错误,从而保证堆场进提箱作业的准确度,使提箱效率得以提升;建立堆场集装箱管理平台,实现用箱公司、船公司、集装箱制造公司及海关之间的信息共享,由数据库存储集装箱的进场时间,并预先存储集装箱的出场时间、箱属、箱型、内装货物等信息,由系统按照一定顺序自动为集装箱分配箱位,并在预计出场时间之前自动分配不同的时间段给客户并通知其前来提箱,从而避免人工安排箱位,并减少随机提箱、装船等造成的翻箱情况。

(二)物联网环境下RFID技术在堆场管理中的作用

物联网是指在计算机互联网的基础上,利用RFID和无线数据通信等技术构造覆盖世界上万事万物的网络,在该网络中,物品(商品)无须人的干预即可彼此"交流"。RFID正是能够让物品"开口说话"的技术,在RFID标签中存储着规范且具有互用性的信息,无线数据通信网络将之自动采集到中央信息系统,从而实现对物品的识别,进而通过开放性的计算机网络实现信息交换和共享,实现对物品的透明化管理。RFID技术是形成堆场物联网的必备条件,在集装箱堆场管理中起着十分关键的作用。其具体表现如下。

1. 集装箱唯一标识

基于产品电子代码的RFID标签利用微型芯片存储信息,并且采用特殊薄膜封装技术,

使得体积大大缩小。随着技术的改进和推广应用,其成本不断降低。此外,RFID 标签利用全球统一标识系统编码技术,能够为每个物品设定唯一的身份标识。

2. 记录集装箱信息

集装箱上的 RFID 电子标签既可以记录固定信息,包括序列号、箱号、持箱人、箱型、尺寸等,还可以记录可改写信息,如货品信息、运单号、启运港、目的港、船名、航次等,且这些可改写的信息可以随着物品的转移变化而实时更新。

3. 读写标签信息

RFID 技术能够帮助设备读取标签信息或将信息写入标签,并将读出的标签信息通过有线或无线通信网络传输给计算机系统,以便对其进行管理和相关操作。

(三)物联网环境下集装箱堆场管理系统解决方案

物联网环境下的集装箱堆场管理系统利用 RFID 技术,通过计算机互联网实现集装箱自动识别、信息互联和共享及智能管理。该系统可以实时记录堆场中集装箱、货物、箱位、集装箱进出堆场时间等信息及相关的安全信息(如合法开箱时间和地点、非法开箱时间等),结合互联网及覆盖整个堆场的通信服务商网络,实现对堆场内集装箱的实时感知。该系统还能智能地分配箱位,并根据箱位顺序和集装箱出场时间,分配不同时间段给各个客户。此外,该系统可以经由通信网络向客户手机终端发出通知,客户也可以通过信息平台查询重箱信息。该系统的服务对象是与集装箱堆存相关的组织或个体,如船公司、海关、集装箱租赁公司和堆场等。

1. 系统构架

物联网环境下的集装箱堆场管理系统可分为集装箱 RFID 自动识别子系统、传输网络子系统、堆场数据处理子系统和堆场信息服务平台等多个部分。集装箱 RFID 自动识别子系统以二维码、RFID 和传感器为主,实现对集装箱或物品的自动识别;传输网络子系统通过现有互联网和通信网络实现集装箱信息、货物信息等数据的传输;堆场数据处理子系统的作用在于完善从传输网络子系统传来的信息,添加集装箱进出场时间、目的港等信息,运用先进的算法或租用云计算服务给集装箱分配箱位;堆场信息服务平台旨在实现用箱公司、船公司、集装箱制造公司的信息共享。此外,集装箱堆场管理系统可以接入商检、海关、检验检疫、外汇管理局等机构网络,共享堆场信息。

(1)集装箱 RFID 自动识别子系统

集装箱堆场设置 2 组 RFID 读写器,分别是 RFID 进场控制读写器和堆场内 RFID 监控读写器。前者主动读取装有电子标签集装箱的进场信息;后者可配合跨运车对堆场内集装箱实施安全监控和追踪定位。集装箱 RFID 自动识别子系统通过电子地磅仪表获取质量数据,通过箱号识别模块获得集装箱图像信息并进行箱号识别,将采集到的数据实时上传至网络。集装箱电子标签采用有源标签,以保证集装箱的各种信息能够被自动、快速、远距离、可靠地采集和识别。

(2)传输网络子系统

传输网络子系统的主要作用在于实时上传自动采集的集装箱信息,保证数据传输在整个堆场有效运行。该子系统依赖现有大型通信网络运营商的无线通信网络,既减少组网成本,又提高互联网接入的灵活性。当前,我国 Wi-Fi 技术发展很快,利用此方式接入互联网也是选择之一。

（3）堆场数据处理子系统

堆场数据处理子系统的主要作用是：完善由传输网络子系统传来的集装箱数据信息，添加集装箱预计出场时间、目的港、收货人及其联系方式、报关情况等；通过云计算服务器，根据集装箱的目的港、尺寸、种类、质量级别、出场时间等自动为集装箱分配合适的箱位，并向堆场的装卸设备发出作业指令。

（4）堆场信息服务平台

堆场信息服务平台可以与用箱公司、船公司、集装箱制造公司共享信息，向堆场客户提供集装箱安全信息、货物信息和集装箱进出堆场信息的实时查询服务，并根据数据信息确定客户应提箱时间，在集装箱出场前由系统自动发送通知到客户负责人的手机终端。

2. 系统业务流程

基于物联网的集装箱堆场管理系统构架依据堆场的业务流程建设而成，系统构架与系统业务流程互相匹配才能够推进堆场的信息化管理及整体发展。

基于物联网的集装箱堆场管理系统一方面为货主、船公司、集装箱制造公司等参与主体创造更多价值，使其不需要付出任何成本即可接入互联网终端，随时随地获知货物状况；另一方面，通过实现物品跟踪和信息共享，提高堆场管理效率，降低堆场翻箱率。设计和开发基于 RFID 技术的集装箱堆场管理物联网系统，除要不断发展 RFID 技术外，还需要综合考虑堆场的流程和特点等，以提高其适应性、针对性和应用性。

 数字化运营

一、堆存策划

为了提高堆存效率，首先需要查看堆存的整体策划，如图 7-1 所示。

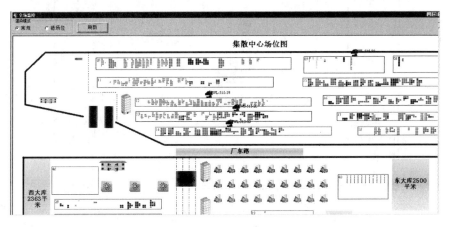

图 7-1　堆存整体策划

二、进场

(一)进箱预录

进场预录有 3 种形式:EDI 导入、Excel 导入、手工录入。单击窗口左上角"进箱预录"按钮,会出现下拉选项:EDI 导入、Excel 导入、手工录入、预录箱信息修改、无箱号预录。使用 EDI 导入、Excel 导入可以减少工作量。在"EDI 解码"对话框右侧"EDI 文件"中单击 EDI 按钮,可以导入 EDI 文件,如图 7-2 所示。

图 7-2　EDI 解码

选择"手工录入"命令,会打开"进场信息手工录入"对话框,左边是计划区,包括计划编号、数量,如图 7-3 所示。把操作区显示红色的信息填完整后,单击"保存"按钮,预录即可成功。

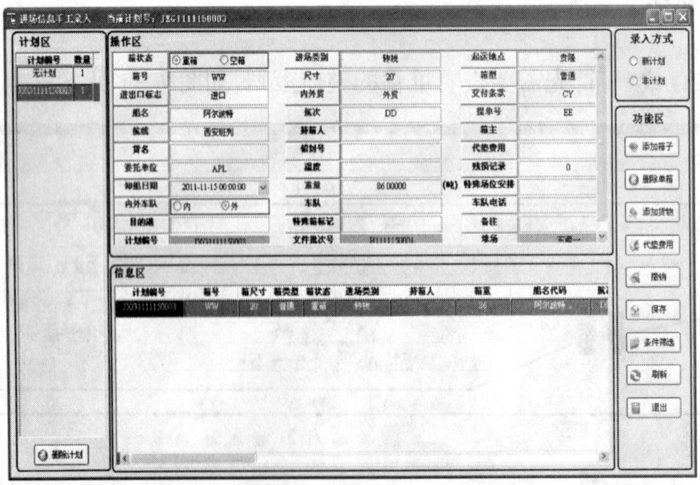

图 7-3　手工录入

当码头转栈时,码头会发送 EDI(或 TXT 文件)数据到堆场,这时选择菜单"进箱预录"下的"EDI 导入"命令,可以导入箱预录信息,如图 7-4 所示。

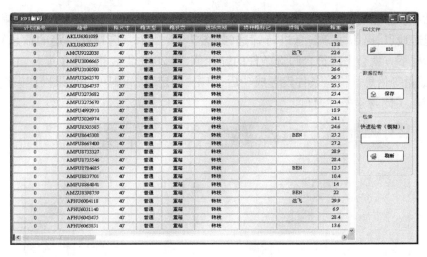

图7-4　导入 EDI 数据

(二)进箱计划制订

导入信息后,应制订进箱计划。当需要批量修改许多箱子时,单击"多行修改"按钮,可以对制订此计划的箱子进行大量的修改,如图7-5所示。

可以修改的信息包括船名、航线、箱尺寸等。部分项目修改是需要逐个完成的,如船名、航次、提单号;部分项目,如箱尺寸、箱类型、航线等可以通过下拉列表选择完成;显示为红色的项目是不能填入信息的。最后单击"确定"按钮,退出对话框。如果修改有误,可以单击"取消"按钮,取消操作。

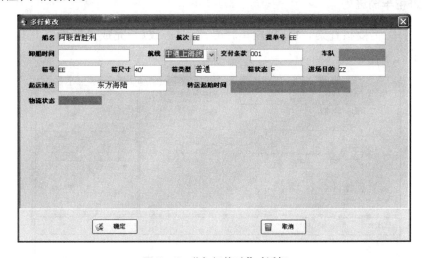

图7-5　"多行修改"对话框

(三)场地策划

按照规划好的箱位,合理堆存集装箱。

针对已经选择好的集装箱可以进行条件筛选,即在待计划的箱信息区域,可以通过条件筛选来选择符合条件的箱子。选择"进场计划"菜单下的"进箱计划"命令,打开"进箱计划管理"对话框。单击右侧的"条件筛选"按钮,在对话框的上方单击某些信息,如箱号、进箱计划号、起运地点、提单号等信息进行筛选,如图7-6所示。选择好一定的信息完成筛选后,在对话框下方就会出现符合筛选条件的统计值,如20 ft集装箱、40 ft集装箱、45 ft集装箱的合计数量等信息。检索条件设置成功后,单击"确定"按钮即可。如果操作失误,可单击"取消"按钮,关闭检索条件窗口。

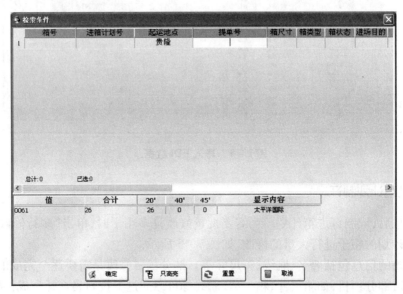

图7-6　检索条件

(四) 进箱车辆进场

道口业务中,需要核查集装箱箱号、车牌号,核对一致后,完成进场确认并打印小票,如图7-7所示。

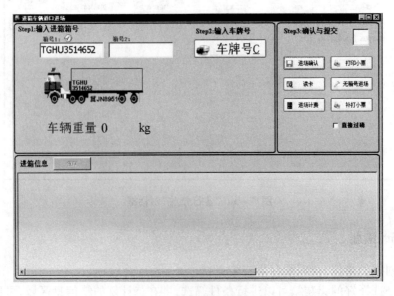

图7-7　进箱车辆道口进场

（五）场内收箱确认

集装箱到达堆场后，由场吊司机完成场内收箱，如图7-8所示。

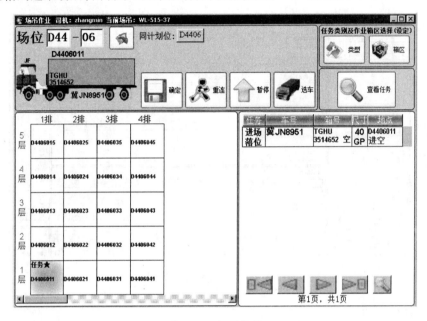

图7-8　场吊作业

三、离场

（一）重箱出场

堆场计划员制订重箱出场计划，如图7-9所示。

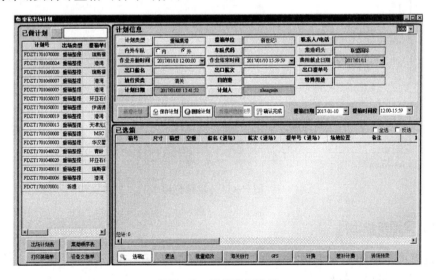

图7-9　重箱出场计划

（二）空箱出场

堆场计划员制订空箱出场计划,如图 7 – 10 所示。

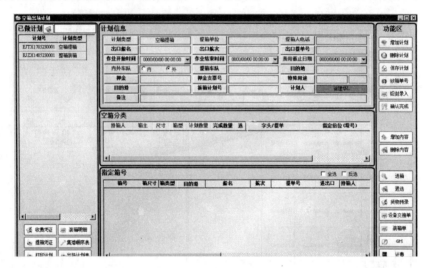

图 7 – 10　空箱出场计划

（三）费用结算

计划制订成功后,结算员进行计费,打印发票,如图 7 – 11 所示。

图 7 – 11　发票打印

（四）提箱车辆出场

通过提箱车辆信息查询,可以找到集装箱的在场信息,如图 7 – 12 所示。完成费用缴纳,办理提箱车辆出场操作。

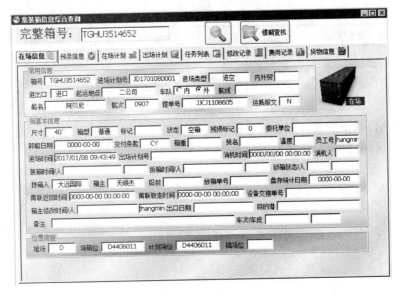

图 7 - 12　提箱车辆信息查询

（五）场吊确认

选择场吊（见图 7 - 13），将集装箱从堆场场位中吊取出来，放置到集装箱拖车上。

图 7 - 13　场吊作业提箱操作

（六）道口出场

集装箱驶离道口后，完成出场核销操作。

任务测评

2017 年 9 月，某进出口贸易公司（以下简称 A 公司）出口一批货物。出口港为天津新港，共计 10 个集装箱。**要求**：请根据相关信息，完成堆场信息统计表中的堆场箱位号及堆场费用合计项目，如表 7 - 1 所示。

表 7 - 1　堆场信息统计表

箱　号	船名/航次	开仓日	截关日	预约进场日	箱型	离　场	目的港	堆场费用合计
GVCU2275621	0556S	3 - 8，MAR	8，MAR	3，MAR	20'重	13，MAR	鹿特丹	
LLTU2078808	0556S	3 - 8，MAR	8，MAR	3，MAR	40'重	13，MAR	鹿特丹	
CCLU2244219	0048E	3 - 8，MAR	8，MAR	4，MAR	20'空	16，MAR	纽约	
UXXU2266467	0048E	3 - 6，MAR	6，MAR	3，MAR	20'重	16，MAR	纽约	
XINU1391683	010E	3 - 6，MAR	6，MAR	2，MAR	45'重	15，MAR	釜山	
RFCU2027217	0048E	3 - 9，MAR	8，MAR	3，MAR	20'重	16，MAR	纽约	
GVCU2273444	0556S	3 - 9，MAR	8，MAR	3，MAR	40'重	13，MAR	鹿特丹	

（续表）

箱　号	船名/航次	开仓日	截关日	预约进场日	箱型	离　场	目的港	堆场费用合计
CCLU2230302	010E	3－8,MAR	8,MAR	4,MAR	20'空	15,MAR	釜山	
CAIU2353014	010E	3－9,MAR	6,MAR	3,MAR	20'重	15,MAR	釜山	
CAIU2354833	0556S	3－9,MAR	6,MAR	2,MAR	45'重	13,MAR	鹿特丹	

1. 根据出口舱单信息完成大批量箱进离堆场操作全部流程并完成合理堆存。
2. 根据操作总结大批量箱堆存策略。

第三篇

高级实训

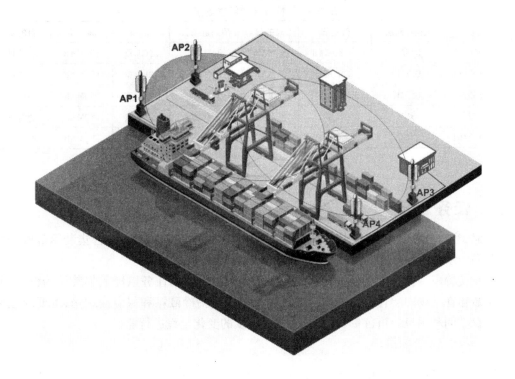

任务八

特殊集装箱堆存管理

知识目标

1. 能够说出特殊集装箱进离堆场的操作流程。

2. 能够说明特殊集装箱进离堆场作业中各个岗位的工作任务及岗位职责。

能力目标

1. 能够完成特殊集装箱进离堆场作业各个岗位之间的信息流转。

2. 能够利用系统软件实现特殊集装箱进离堆场管理。

任务引入

2017年7月,某市进出口公司出口各国货物。出口港为天津新港,共计5个集装箱。试根据表8-1信息完成进离堆场操作。

表8-1　特殊集装箱进场信息

箱　号	船名/航次	开仓日	截关日	预约进场日	箱　型	离　场	目的港
BHCU3066303	0512E	3-8,MAR	8,MAR	3,MAR	25G1重	15,MAR	鹿特丹
AKLU6300375	0512E	3-8,MAR	8,MAR	3,MAR	22U1重	15,MAR	鹿特丹
BMOU2325286	0512E	3-8,MAR	8,MAR	3,MAR	22R1重	15,MAR	鹿特丹
BMOU2342534	0512E	3-8,MAR	8,MAR	3,MAR	22P1重	15,MAR	鹿特丹
BMOU4137164	0512E	3-8,MAR	8,MAR	3,MAR	L2G1重	15,MAR	鹿特丹

任务分析

冷藏集装箱、超高集装箱、超长集装箱、开顶集装箱、框架集装箱、平台集装箱等属于特殊集装箱,在堆存过程中需要符合操作规范。

冷藏货物集装箱具有高价值、易货损、专业化等特性。本任务以冷藏集装箱为例,说明特殊集装箱在堆场中的管理方法。冷藏货物集装箱包括冷藏箱和保温油罐箱,均要求在运输和储存期间利用集装箱自带机组调温,并对温度的变化全程进行监控。

相关知识

一、特殊货物

对一些特殊货物和特种集装箱进行货物装载时,除上述一般要求和方法外,还有一些特殊的要求。这些货物和集装箱装载时,必须充分保证满足这些特殊要求。

(一)超尺度和超重货物装载要求

超尺度货物是指单件长、宽、高的实际尺度超过国际标准集装箱规定尺度的货物;超重货物是指单件质量超过国际标准集装箱最大载货量的货物。国际标准集装箱是有统一标准的,特别在尺度、总质量方面都有严格的限制,集装箱运输系统中使用的装卸机械设备、运输工具(集装箱船、集卡等)也都是根据这一标准设计制造的。如果货物的尺寸、质量超出这些标准规定值,对装载和运输各环节都会带来一些困难和问题。

1. 超高货

一般干货箱箱门有效高度是有一定范围的,如果货物高度超过这一范围,则为超高货,必须选择开顶箱或板架箱装载。集装箱装载超高货物时,应充分考虑运输全程中给内陆运输车站、码头、装卸机械、船舶装载带来的问题。内陆运输线对通过高度都有一定的限制(各国规定不甚一致),运输时集装箱连同运输车辆的总高度一般不能超过这一限制。集装箱船舶装载超高货箱时,只能装在舱内或甲板上的最上层。

2. 超宽货物

超宽货物一般应采用板架箱或平台箱运输。集装箱运输下允许货物横向突出(箱子)的尺度要受到集装箱船舶结构(箱格)、陆上运输线路(特别是铁路)允许宽度限制,还要受到使用机械种类的限制,超宽货物在装载时应给予充分考虑。集装箱船舶装载超宽货箱时,如果超宽量在 150 mm 以内,则可以与普通集装箱一样装在舱内或甲板上;如果超宽量在 150 mm 以上,则只能在舱面上装载,且相邻列位必须留出。

3. 超长货物

超长货物一般应采用板架箱装载,装载时需要将集装箱两端的插板取下,并铺在货物下部。超长货物的超长量有一定限制,最大不得超过 306 mm,即 1 ft 左右。集装箱船舶装载超长货箱时,一般装于甲板上(排与排之间间隔较大)。装在舱内时,相邻排位须留出。

4. 超重货物

集装箱标准(ISO)对集装箱(包括货物)总质量是有明确限制的,20 ft 箱为 20. 30 t 或 20 LT.(长吨),或者 24. 00 t;40 ft 箱为 30. 48 t。所有的运输工具和装卸机械都是根据这一总质量设计的。货物装入集装箱后,总质量不能超过上述规定值,超重是绝对不允许的。

(二)冷藏(冻)货装载要求

装载冷藏(冻)货的集装箱应具有供箱人提供的该箱子的检验合格证书。货物装箱前,箱体应根据使用规定的温度进行预冷;货物装箱时的温度应达到规定的装箱温度。温度要求不同或气味不同的冷藏货物绝不能配入一箱。运往一些宗教(特别是伊斯兰教)国家的集装箱货,不能把猪肉与家禽、牛羊肉配装在同一箱内。货物装载过程中,制冷装置应停止运转;注意货物不要堵塞冷气通道和泄水通道;装货高度不能超过箱中的货物积载线。装货完毕关门后,应立即使通风孔处于要求的位置,并按货主对温度的要求及操作要求控制好箱内温度。

(三) 危险货物装载要求

集装箱内装载的每一票危险货物必须具备危险货物申报单。装箱前应对货物及应办的手续、单证进行审查,不符合《国际危规》的包装要求或者未经商检、港监等部门认可或已发生货损的危险货物一律不得装箱。危险货物一般应使用封闭箱运输,箱内装载的危险货物任何部分不得突出箱容。装箱完毕后应立即关门封锁。

不得将危险货物和其他性质与之不相容的货物拼装在同一集装箱内。当危险货物仅占箱内部分容积时,应把危险品装载在箱门附近,以便进行处理。

装载危险品货物的集装箱上,至少应有 4 幅尺度不小于 250 mm × 250 mm 的危险品类别标志牌贴在箱体外部 4 个侧面的明显位置上。

装箱人在危险货物装箱后,除提供装箱单外,还应提供集装箱装箱证明书(container packing certificate),证明已正确装箱并符合有关规定。

装载危险货物的集装箱卸完后,应采取措施使集装箱不具备危险性并去掉危险品标志。

(四) 干散货物装载要求

用散货集装箱运输干散货可节约劳动力、包装费、装卸费。散货集装箱的箱顶上一般都设 2 或 3 个装货口,装货时利用圆筒仓或者仓库的漏斗或使用带有铲斗的起重机进行装载;散货集装箱一般采用将集装箱倾斜使散货产生自流的方法卸货。在选定装载散货的集装箱时,必须考虑装货地点和卸货地点的装载与卸载的设备条件。

运输散装的化学制品时,首先要判明其是否属于危险货物;在运输谷物、饲料等散货时,应注意该货物是否有熏蒸要求,因此在装货前应查阅进口国的动植物检疫规则,对需要进行熏蒸的货物应选用有熏蒸设备的集装箱装运;在装运谷物和饲料等货物时,为了防止水湿损坏货物,应选用有箱顶内衬板的集装箱装运;在装载容易飞扬的粉状散货时,应采取措施进行围圈作业。

(五) 液体货物的装载要求

对液体货物采用集装箱运输有两种情况:一是装入其他容器(如桶)后再装入集装箱运输,在这种情况下货物装载应注意的事项与一般货物或危险货物(属危险品)类似;二是散装液体货物,一般需用罐式箱运输,在这种情况下,货物散装前应检查罐式集装箱本身的结构、性能和箱内能否满足货物运输要求——检查应具备必要的排空设备、管道及阀门,其安全阀应处于有效状态。装载时应注意货物的密度要同集装箱允许载质量与容量比值一致或接近。在装卸时如果需要加温,则应考虑装货卸货地点是否有必需的热源(蒸汽源或电源)。

(六) 动、植物及食品装载要求

运输该类货物的集装箱一般有两类:密闭和非密封式(通风)。装载这类货物时应注意,货物应根据进口国要求经过检疫并得到进口国许可,一般要求托运人(或其代理人)事先向港监、商检、卫检、动植物检疫等管理部门申请检验并出具合格证明后方可装箱。需要做动植物检疫的货物不能与普通货装在同一箱内,以免熏蒸时造成货损。

各类特殊货物装箱完毕后,应采取合适的方法进行固定并关闭箱门。如果加固时使用木材,且进口国对木材有熏蒸要求(如澳大利亚、新西兰等),则必须经过熏蒸处理并在箱体外表明显处标上有关部门出具的证明。需要理货的集装箱在装箱全过程中,应由理货公司派员在场记载装入货物的名称、件数、包装标志等内容,做好理货单据,并施加理货封志。

国际运输的集装箱装载时,应请海关派员监装,装箱完毕后应施加海关封志。

装箱完毕后,装箱人应制作装箱单(一箱一份),如实说明箱内装载货物的名称、件数、包装及标志等内容。在集装箱运输中,装箱单是唯一说明箱内货物情况的单据,所以必须准确、可靠。

二、集装箱适载检验

(一)集装箱适载的检验方法

集装箱适载检验包括集装箱性能检验和使用检验。集装箱适载检验侧重于使用检验,检验过程中一般要综合考核其集装箱的适货因素。

(二)集装箱适载检验的重要性

集装箱适载检验包括两种性质:一是通过检验来证明所选的集装箱是否具备适货要求,能否保证计划装载货物安全运抵目的地,因此在国际贸易中,尤其收货人要求装载货物的集装箱具有良好的适载性,承运人或收货人为了证明自己提供的集装箱是适货的,会主动申请处于第三者身份的鉴定人进行适载检验,这一类适载检验属于非强制性检验;二是我国政府为了维护国家利益和我国出口商品的信誉,保障人身安全健康,规定自1984年7月1日起,对装运出口易腐烂变质粮油食品、冷冻品的集装箱实施法定检验。《中华人民共和国进出口商品检验法》《中华人民共和国海上国际集装箱运输管理规定》《进出境集装箱检验检疫管理办法》等国家相关法律法规分别规定:对装运出口易腐烂变质食品的船舱和集装箱,承运人或装箱单位必须在装货前申请检验,未经检验合格的,不准装运。2001年,国家质检总局再次明确了易腐烂变质食品、冷冻品的商品编码范围。这种集装箱的适载检验工作是行政执法行为,属于强制性法定检验。

集装箱适载检验工作虽然因出口商品种类的不同分为强制性检验和非强制性检验两种形式,但其工作方法和基本技术要求还是一致的。通过适载检验可以为有关方面划清责任归属,维护贸易关系人的合法权益,避免和防止货物遭受不必要的损失。因此,这是进出口贸易中不可缺少的一个环节,开展此项工作十分必要。

(三)集装箱适载要求

集装箱适载检验包括以下内容。

① 根据货物种类和特性选用合适的箱型。例如,一般杂货选用干货集装箱;冷藏食品

选用冷藏集装箱。

② 选择的集装箱必须适应以便装载货物。集装箱必须清洁、干燥、无异味、无活的有害生物、无有毒有害残留物质。表8－2列出了部分货物适载的集装箱种类。

表8－2　主要拟装货物与适载的集装箱种类

货 物 种 类	集装箱种类
一般货物,包括百货杂货等	干货集装箱
重货物,如钢材、机械设备等	开顶集装箱、框架集装箱
易腐烂冷藏货物,如肉类	冷藏集装箱
散装货物,如粮谷类和各种散装粉粒状货物	散装集装箱
散装液体货物,如动植物油脂类	罐式集装箱
活牲畜	牲畜集装箱
危险货物	适合于危险品特性及有关法规的集装箱

（四）干货集装箱适载检验应具备的基本条件

① 箱体完整、密封良好。

② 箱内设施完备,包括通风和系固装置。

③ 箱内清洁、干燥、无异味等。

装运冷藏货物的冷藏集装箱,除应具备以上基本条件外,还必须具备制冷设备和绝热保温装置,冷藏效果良好。

三、集装箱适载检验方法

集装箱适载检验依据国家质检总局制定的 SN/T 0981—2000《进出口用冷藏集装箱安全与卫生检验规程》和 SN/T－0982－2000《进出口用集装箱安全与卫生检验规程》规定的方法进行。

（一）干货集装箱适载检验

1. 外观检查

① 检查集装箱的标志、号码是否清晰,应与合格证书上记载一致。

② 检查集装箱外部,尤其是四柱、六面、八角是否完好,有无损伤和破漏。当发现箱外某个部位有凹瘪和擦痕时,应特别仔细检查其是否有破口或裂缝;对进行过修理的部位应特别注意。此外,金属制集装箱的铆钉常有发生松动断裂情况,也会造成渗漏隐患,必须严格检查。

③ 检查、鉴定集装箱的密封情况,可任选下列一种方法。

- 透光试验。检验人员进入箱内,关闭箱门,用肉眼检查箱内是否有光线射入,如果无光线透入,即为该箱密封完好。

- 冲水试验。以内径为 12.5 mm 的喷嘴,在距离被试验处约 1.5 m 的地方,以 0.1 m/s 速度匀速移动,冲水 15 分钟后,打开箱门进行检查,如果箱内未发现任何渗漏即为合格。

- 烟雾试验。先将集装箱所有通风孔和泄水孔关闭,再用胶纸密封,将烟雾发生器置于箱内放出烟雾,随后将箱门关闭,在箱外检查有无烟雾冒出,以无烟雾泄漏为密封合格。

④ 检查箱门的闭合情况是否良好,有无变形,其密封胶垫是否齐全,有无老化现象,箱门上加封装置应完好无损。

2. 内部检查

① 检查箱内清洁情况,有无残留物、污染、生锈、异味、泥土、潮湿等现象,发现不符合装载要求时,应提请有关部门进行清理,消除潮湿和异味,或者采用适当铺垫物料等弥补措施。对无法清理和采取措施者必须更换集装箱。如果箱内发现有昆虫等活的有害生物,则必须经卫生除害处理合格并予以清除。对残留有毒、有害物质不符合要求的集装箱必须更换。

② 检查箱内底板及周围壁板等处有无突起物或导致货物受损的部件,勿使铁钉露头损坏货物。对箱内发现有污点或湿迹的,必须进行整理;对经过修理的集装箱,必须确认没有渗漏。

③ 检查箱内附属装置,如固定货物的系环、孔眼等附件安装状况是否适合要求;检查集装箱的通风孔等,确认工作状态良好;有排水装置的集装箱,还应检查其泄水孔是否畅通,阀门是否灵活适用。

(二)冷藏集装箱适载检验

冷藏集装箱适载检验除了上述干货集装箱的验箱方法以外,还应检查下列内容。

① 验箱时必须进行冷藏效能检验,通过温度模拟试验确认能否达到要求。

② 检查集装箱隔热装置是否完好无损,不能有泄漏冷气的潜在缺陷。注意上下风道的畅通,一般集装箱的冷风有上部吹风或下部吹风式,即从上部风道吹入通过货物间的空隙从箱底风道排出,或者从箱底部风道吹入,然后从箱顶部风道排出。因此,必须注意风道口,勿使其堵塞,阻碍冷风流通。

③ 了解上航次受载货物,有无影响本航次拟装冷藏品的情况。如果上航次曾装载的货物遗留的异味或散漏有毒有害物质足以影响拟装货物,必须进行彻底清洗,并排除异味或消毒后才允许装运,以防污染。

④ 冷藏集装箱验箱必须进行通电试验,接好电源后把制冷装置的温度调节器调节到运输途中要求达到的温度,打开电源开关和制冷装置开关,并记录冷藏箱的制冷时间、融霜、平衡温度情况等,确认冷藏箱能执行控制并达到预期温度要求。

⑤ 对有通风装置和排水孔装置的冷藏集装箱要检查其密闭情况和启用情况,以适应运输货物的实际需要。

(三)罐式集装箱适载检验

对盛装液体的罐式集装箱,由于货物直接接触箱壁,卫生条件要比干货集装箱高,尤其是罐式集装箱多用于石油产品、化工产品等危险货物,应严格按照有关规定和要求进行验箱。首先了解上航次曾装载的货物与本航次拟装货物的性质有否抵触;其次查明货物卸毕后的清洗方法;其三用残留气体测定仪检测罐内残留气体浓度或用拟装货物冲刷罐内壁及装卸孔,并对清洗液进行检测,以判定罐式集装箱的适载性。必要时可用少量拟装货物试装,再取样品检验。

对其他类型的集装箱,如开顶集装箱、平台集装箱、框架集装箱等,其验箱技术要求远较上述干货集装箱和冷藏集装箱低,实际工作中可视具体情况予以酌情考虑。

任务实施

(一)涉及工作人员

本任务的实施涉及的工作人员:冷藏箱管理员、中控室工作人员。

(二)工作内容

1. 资质

(1)堆场资质

冷藏箱堆场内必须配备足够稳定电压的冷藏箱插电源、登高检查支架、排水设施和必要的消防设施。

冷藏箱堆场必须符合港口保安监管要求。

(2)上岗资质

冷藏箱管理员应具备电工操作证书,并对冷藏箱内部结构和操作要求有一定程度了解,能够排除简单电气故障。

2. 现场作业规范

(1)进口冷藏箱现场作业规范

① 箱务管理员通知冷藏箱管理员冷藏货物集装箱卸船任务,冷藏箱管理员根据系统内的冷藏箱清单在船舶靠泊后上船核对制冷情况和设备状况,如果发现异常应及时通知箱务管理员并做好交接记录。

② 卸船作业开始前,由船方负责切断电源并整理好冷藏箱插电线,冷藏货物集装箱进入冷藏箱堆场时中控通知冷藏箱管理员,冷藏箱管理员应及时到箱区根据系统打冷计划进行插电并检查机组运行情况,没有明确指令不得对冷藏箱进行任何温度和开关设置,如果发现异常应及时通知箱务管理员并做好交接记录。异常情况包括集装箱箱号和单证不符合、集装箱及机组线路外表损坏、通电后机组运行不正常、集装箱设定温度与单证或记录纸盘不符合、集装箱实际温度与设定温度差别大于10℃、PTI标志缺失及其他不正常情况。

③ 冷藏货物集装箱卸入冷藏箱堆场后,冷藏箱管理员应在系统上做好冷藏箱打冷操作。

④ 冷藏货物集装箱提箱时,由中控员电话通知冷藏箱管理员,冷藏箱管理员应及时到达冷藏箱堆场切断电源,放好电缆线和插头,并加强现场管理。机械司机在未得到可提箱确认前不可提箱。

⑤ 冷藏货物集装箱提出冷藏箱堆场时,冷藏箱管理员应收取冷藏货物温度记录盘,并

在系统上做好冷藏箱打冷完成操作。

（2）出口冷藏箱现场作业规范

① 中控员电话通知冷藏箱管理员出口冷藏箱（重箱）进入港区，冷藏箱管理员根据系统里的打冷计划及时到箱区进行通电作业并严格检查冷藏箱的下列内容：箱体、箱门、制冷设备、铅封等外表状况；箱体上的 PTI 标贴；记录盘设定温度、液晶屏显示的设定温度和装箱单要求温度这三者温度要求是否一致，如果发现三者不一致或箱内温度未保持在要求限度内及有其他异常情况，必须及时通知箱务管理员，没有明确指令不得对冷藏箱进行任何温度和开关设置。

② 冷藏货物集装箱卸入冷藏箱堆场时，冷藏箱管理员应在系统上做好冷藏箱打冷操作。

③ 冷藏货物集装箱装船前，中控员电话通知冷藏箱管理员，冷藏箱管理员要及时对装船箱切断电源，放好电缆线和插头，并在系统上做好冷藏箱打冷完成操作。

④ 冷藏货物集装箱装上船后，由船方负责接通电源。冷藏箱的装船温度未达到要求限度或遇到制冷设备无法运行等机器故障时，船方可以联系集装箱码头交接员，冷藏箱管理员前去协助维修并确认。如果无法自行修理，则联系箱务管理员，由其通知代理公司（船、货代公司）。

⑤ 冷藏集装箱如果装载普通的货物作为普通集装箱使用，船公司或其代理必须在箱子进场时提供书面记录给集装箱码头闸口人员，并输入到系统中。

（3）冷藏货物集装箱查验作业规范

① 冷藏箱管理员在接到箱务管理员的移箱查验指令后，提前切断查验冷藏货物集装箱的电源，收妥、安放好电缆线。

② 在查验结束后，冷藏货物集装箱移回冷藏箱堆场，中控员通知冷藏箱管理员进行插电和机组检查，冷藏箱管理员在系统打冷详情中的打冷说明上记录查验记录。发现异常情况时要及时通知箱管员。

（4）冷藏货物集装箱堆存作业规范

① 冷藏箱管理员对冷藏箱区进行巡查及插拔电时，必须穿上电工鞋；二层高以上插拔电时，必须穿戴好安全带。上下楼梯要密切做好防滑工作。

② 进入冷藏箱堆场的冷藏货物集装箱，冷藏箱管理员应根据系统里的打冷计划立即接通电源，确认机组运行是否正常，核实是否有异常情况。

③ 冷藏箱管理员在冷藏箱堆场内进行接电或断电作业时，特种箱管理员使用对讲机通知龙门吊司机避让，即龙门吊必须禁止在冷藏箱管理员操作场位内进行作业，冷藏箱管理员操作完毕后向龙门吊司机发送可作业信息后司机方可进行作业。

④ 冷藏箱管理员应对冷藏货物集装箱进行定时日常检查，每隔 4 小时做一次巡查并记录，高温季节（每年的 6 月 15 日—9 月 15 日）每隔 2 小时做一次巡查并记录。巡查后冷藏箱管理员应在系统上做好打冷明细记录。

（5）冷藏货物集装箱的故障处理规范

① 冷藏货物集装箱在集装箱码头堆存期间发生故障时（连续两次检查时无法达到设定温度或存在其他机组故障和箱体破损等异常情况），冷藏箱管理员要及时书面通知箱务管理员并在系统打冷明细中的打冷说明上记录情况。

②冷藏货物集装箱故障通知内容包括船名/航次、箱号、提单号、具体故障等,并填制故障报修交接单(包括箱号、尺寸、船名/航次、设定温度、报修内容、报修人、报修时间、修复时间)。

（6）冷藏货物集装箱的单证管理规范

①冷藏箱管理员对冷藏货物集装箱温度记录盘做好归档。

②装卸船冷藏箱必须注意审核归档是否已有船方签字,如果发生异常情况是否已注明。

③冷藏箱管理员应保证系统记录数据与实际情况相符合,禁止虚假记录。

数字化运营

一、堆存策划

做好堆存整体策划,如图 8-1 所示。

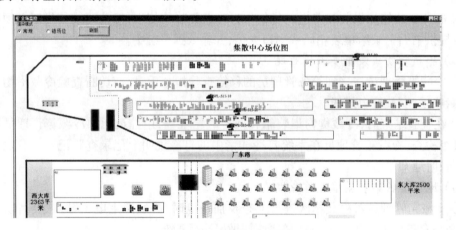

图 8-1　堆存整体策划

二、进场

（一）进箱预录

选择"手工录入"命令,选择非计划,录入箱子信息。当堆场不知道转栈(或其他情况)过程当中的箱号时,要做进场计划,这时可以采用无箱号预录。单击"进箱预录"菜单下的"无箱号预录"命令,打开如图 8-2 所示的"无箱号预录"对话框。

可以单击"添加提单"按钮添加提单信息。预录头记录包括箱状态、进场类别、起运地点、数量、尺寸等,箱信息是与此计划号有关的集装箱信息。

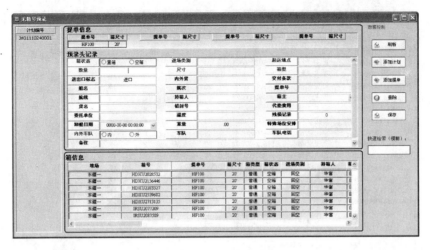

图8-2　进箱预录

(二)进箱计划制订

在"进场计划"模块中制订进箱计划。单击"条件筛选"按钮,可以筛选符合一定条件的箱子,如图8-3所示。检索条件包括船名、航次、提单号、卸船时间、航线、交付条款等,该对话框下方会显示统计值。单击"确定"按钮,可以完成多行信息的修改;单击"取消"按钮,将退出窗口。

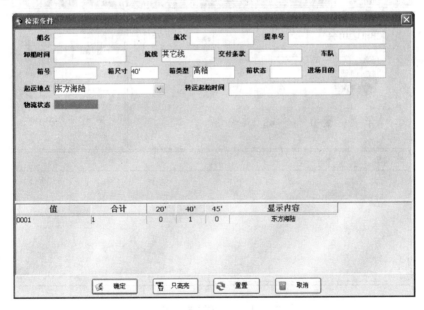

图8-3　进箱计划条件筛选

(三)场地策划

根据规划好的箱位合理堆存,如图8-4所示。

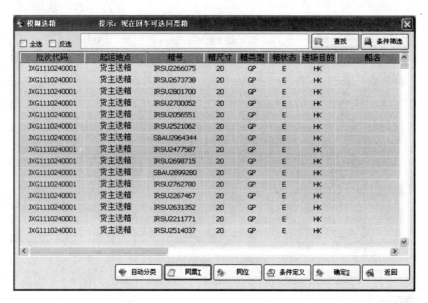

图8-4　场地策划

（四）进箱车辆进场

通过"道口作业"菜单完成进箱车辆道口进场,如图8-5所示。

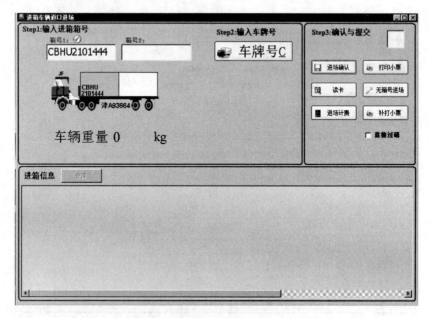

图8-5　进箱车辆道口进场

（五）场内收箱确认

单击"理货作业",选择"场吊作业确认",完成场内收箱确认,如图8-6所示。

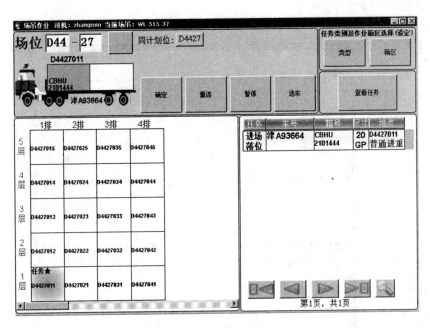

图8-6　进箱车辆场吊作业

三、离场

（一）重箱出场

在"作业计划"模块中，录入重箱出场计划，如图8-7所示。

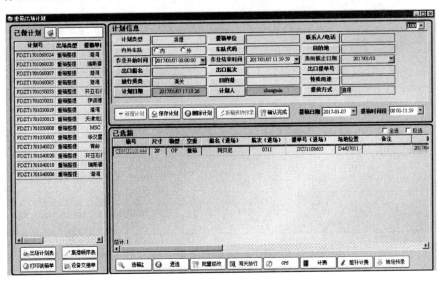

图8-7　重箱出场计划

（二）制订空箱出场计划

在"作业计划"菜单中选择"空箱出场计划"命令，进入"空箱出场计划"窗口，如图8-8

所示。单击右侧下方的"选箱"按钮,进行模糊选箱,如图8-9所示。

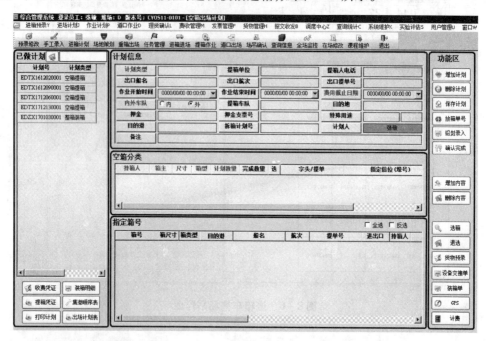

图8-8 空箱出场计划

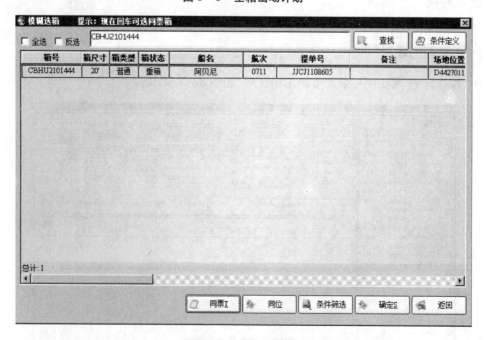

图8-9 模糊选箱

(三)费用结算

选箱操作结束后,在"空箱出场计划"窗口右侧单击"保存计划"按钮后,进入"费用统计"对话框,结算费用,如图8-10所示。

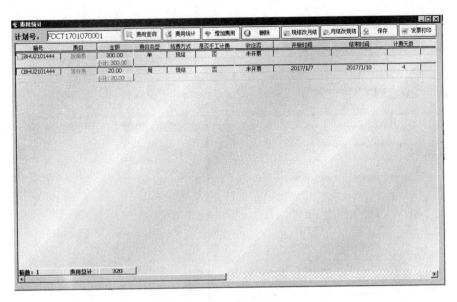

图 8 - 10　费用统计

(四) 提箱车辆道口进场

输入即将出场集装箱的计划编号或箱号,进行提箱确认,如图 8 - 11 所示。

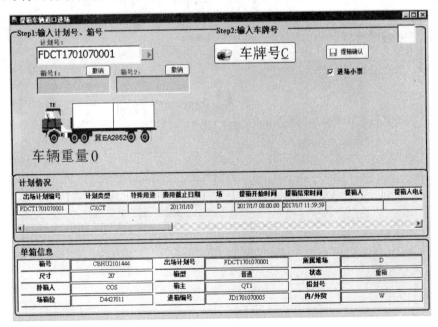

图 8 - 11　提箱车辆道口进场

(五) 场吊确认

当场吊准备进行吊装作业时,选择"理货确认"菜单下的"场吊作业确认"命令,查看工作任务,完成场吊确认,如图 8 - 12 所示。

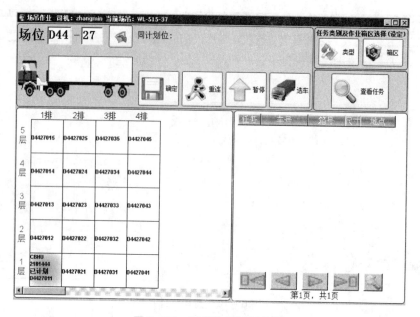

图 8 - 12　提箱车辆场吊作业

(六)道口出场

通过"道口作业"菜单输入箱号,完成出场任务核销,如图 8 - 13 所示。

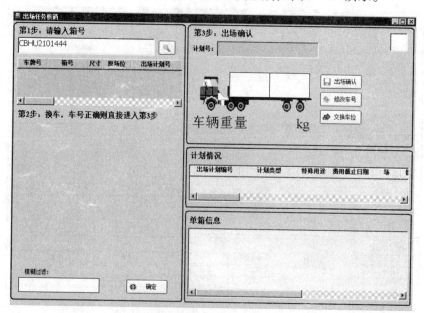

图 8 - 13　出场任务核销

任务测评

2017 年 7 月,某市进出口公司出口各国货物。出口港为天津新港,共计 5 个集装箱。要

求:根据表8-3信息完成进离堆场操作。

表8-3 特殊箱信息表

箱　号	船名/航次	开仓日	截关日	预约进场日	箱　型	离　场	堆场箱位号	堆场费用合计
CAIU2398153	011S	3-8,MAR	8,MAR	3,MAR	22R0 重	13,MAR		
CARU2181523	011S	3-8,MAR	8,MAR	3,MAR	22R1 重	13,MAR		
CARU2185473	011S	3-8,MAR	8,MAR	3,MAR	22U1 重	13,MAR		
CAXU3200264	011S	1-6,MAR	6,MAR	3,MAR	22P1 重	13,MAR		
CAXU4755919	011S	1-6,MAR	6,MAR	2,MAR	45S1 重	13,MAR		
CAXU6044340	011S	1-6,MAR	6,MAR	2,MAR	22T1 重	13,MAR		

1. 根据以上信息表完成特殊箱离堆场操作全部流程并完成合理堆存。

2. 根据操作总结特殊箱堆存策略。

任务九

危险货集装箱堆存管理

知识目标

1. 能够说出危险货集装箱进离堆场的操作流程。

2. 能够说明危险货集装箱进离堆场作业中各个岗位的工作任务及岗位职责。

能力目标

1. 能够完成危险货集装箱进离堆场作业各个岗位之间的信息流转。

2. 能够利用系统软件实现危险货集装箱进离堆场管理。

任务引入

2017 年 7 月,某市进出口公司出口各国货物。进口港为天津新港,共计 2 个集装箱。试根据表 9 - 1 的信息完成进离堆场的操作。

表 9 - 1 危险品货集装箱进场信息

箱 号	船名/航次	开仓日	截关日	预约进场日	箱 型	离 场	目的港	货物名
TGHU8773730	0512E	3 - 8,MAR	8,MAR	3,MAR	22T0 重	13,MAR	天津新港	二亚硝基苯
CLHU4714564	0512E	3 - 8,MAR	8,MAR	3,MAR	22T1 重	13,MAR	天津新港	液化天然气

任务分析

危险货物具有易爆、易燃、腐蚀、毒害、放射性等特性,有一定的潜在危险。因此,在运输和装卸作业过程中需要加以特别保护———一旦受到某些因素的影响,如果处理不当,就有可能发生危险,造成人员伤亡和财产损毁。

危险货物在海上货物运输量中约占整个海上货物运输量的一半。由此可见,危险货物从最初的生产者运输到最终的使用者手中的整个流通过程中,船舶和港口担负着重要的任务。危险货物采用集装箱运输有利于提高运输的安全性,因此危险货物集装箱运输目前正被各国广泛采用,其运量也在不断地增长。

爆炸品、压缩气体、易燃液体、易燃固体、氧化物有机过氧化物、有毒物质、放射性物质、腐蚀品等特殊集装箱在堆存过程中要注意加强管理。危场管理人员应具备高度的工作责任心,严格执行危场的一切规章制度,特别是严格按危险货物作业规定的工艺流程作业,严禁违章作业。

进口值班室由当班总负责管理其主要任务包括:进出场箱的登记工作;开启红外线报警装置并监控;进场车辆有序管理;安全作业及工作台账,交接班工作。

安保值班室有安保人员 24 小时职守,主要负责车辆的安全进出、负责进出场人员的登记管理工作、安全保卫工作。

 相关知识

一、危险货物的分类

凡具有燃烧、爆炸、腐蚀、毒害及放射性的性质,在运输、装卸和保管过程中,如果处理不当可能会引起人身伤亡或财产损毁的物质或物品,统称为危险货物。

《国际海上危险货物运输规则》(以下简称《国际危规》)将危险货物分为九大类,即爆炸品,气体,易燃液体,易燃固体、易自燃物质和遇水放出易燃气体的物质,氧化物质(剂)和有机过氧化物,有毒(毒性)的物质和感染性物质,放射性物质,腐蚀性物质、杂类危险物质。

(一)第 1 类——爆炸品

爆炸品包括爆炸性物质、爆炸性物品及为产生爆炸或烟火效果而制造的物质和物品。

所谓爆炸性物质是指通过其本身的化学反应产生气体,其温度、压力和速度能对周围环境造成破坏的某一固态、液态物质或混合物。

爆炸品按其危险性,又分为以下 5 类。

1.1 项　具有整体爆炸危险(即实际上同时影响全部货物的爆炸)的物质和物品。

1.2 项　具有喷射危险,但无整体爆炸危险的物质和物品。

1.3 项　具有燃烧危险和较小爆炸危险,或者兼有这两种危险,但无整体爆炸危险的物质和物品。

1.4 项　无重大危险的物质和物品。

1.5 项　具有整体操作危险但极不敏感的物质。

爆炸品的危险特性主要有爆炸性、燃烧性、毒性或窒息性。

如果爆炸品在一起能安全积载或者运输而不会明显增加事故率或在一定量的情况下不会明显增大事故后果,可以认为是"相容的"或"可配装的"。

(二)第 2 类——气体

本类包括永久性气体(指在环境温度下不能液化的气体)、液化气体(指在环境温度下经加压能成为液体的气体)、可溶气体(包括经加压后分解在溶剂中的气体)及深度冷却的永久性气体(指在低温下加低压液化的气体)。

气体按其危险性可分为以下几类。

2.1 项　易燃气体。这类气体自容器中溢出与空气混合,当其浓度达到极限时,如果被点燃,能引起爆炸及火灾。

2.2 项　非易燃气体。这类气体中有的本身不能燃烧,但能助燃,一旦与易燃物品接触,极易引起火灾;有的非易燃气体有窒息性,如果处理不当,会引起人畜窒息。

2.3 项　有毒气体。这些气体毒性很强,如果吸入人体内,能引起中毒。有些有毒气体还有易燃、腐蚀、氧化等特性。

第 2 类危险货物的危险特性主要有以下表现。

1. 易燃性和爆炸性

一些易燃气体容易燃烧,也易于与空气混合形成爆炸性混合气体。

2. 窒息性、麻醉性和毒性

本类气体中除氧气和空气外,如果大量溢出,都会因冲淡空气中氧气的含量而影响人畜正常的呼吸,严重时会因缺氧而窒息。

3. 污染性

一些气体对海洋环境有害,被认为是海洋污染物。

(三) 第 3 类——易燃液体

此类易燃液体包括在闭杯试验 61℃ (相当于开杯试验 65.6℃) 以下时放出易燃蒸气的液体或液体混合物,或者含有处于溶液中呈悬浮状态固体的液体 (如油漆、清漆等)。

易燃液体按其闪点的大小分为以下 3 类。

3.1 项　闭杯闪点低于 -18℃ 的低闪点类液体。

3.2 项　闭杯闪点为 -18℃～23℃ (不包括 23℃) 的中闪点类液体。

3.3 项　闭杯闪点为 23℃～61℃ (包括 61℃) 的高闪点类液体。

易燃液体的危险特性主要有以下表现。

1. 挥发性和易燃性

易燃液体都是含有碳、氢等元素的有机化合物,具有较强的挥发性,在常温下就易挥发,形成较高的蒸气压。易燃液体及其挥发出来的蒸气,如遇明火,极易燃烧。易燃液体与强酸或氧化剂接触反应剧烈,能引起燃烧和爆炸。

2. 爆炸性

当易燃液体挥发出的蒸气与空气混合,达到爆炸极限时,遇明火会引起爆炸。

3. 麻醉性和毒害性

易燃液体的蒸气,大多有麻醉作用。例如,长时间吸入乙醚蒸气会引起麻醉,失去知觉,深度麻醉或长时间麻醉可能死亡。

4. 易积聚静电性

大部分易燃液体的绝缘性能都很高,而电阻率大的液体一定能呈现带电现象。

5. 污染性

一些易燃液体被认为是对海洋环境有害的海洋污染物。

(四) 第 4 类——易燃固体、易自燃物质和遇水放出易燃气体的物质

本类是指除了划为爆炸品以外的,在运输情况下易于燃烧或可能引起火灾的物质。本

类在《国际危规》中，可分为以下 3 类。

4.1 项　易燃固体。这是指具有易被外部火源（如火星和火焰）点燃的固体和易于燃烧、助燃或通过摩擦引起燃烧的固体及能自发反应的物质。本类物质包括浸湿的爆炸品。

易燃固体的危险特性包括易燃固体燃点低，对热、摩擦、撞击及强氧化剂作用较为敏感，易于被外部火源所点燃，燃烧迅速。

4.2 项　易自燃物质。这是指有易于自行发热和燃烧的固体或液体。本类物质包括引火物质（与空气接触在 5 分钟内即可着火）和自然发热物质。

易自燃物质的危险特性是：本类物质无论是固体还是液体都具有自燃点低、发热及着火的共同特征。这类物质自燃点低，受外界热源的影响或本身发生的化学变化使热量积聚而致其温度升高引起燃烧。

4.3 项　遇湿危险物质。这是指遇水放出易燃气体的固体或液体。在某些情况下，这些气体易自燃。

遇湿危险物质的特性是：本类物质遇水发生剧烈的反应，放出易燃气体并产生一定的热量，当热量使该气体的温度达到燃点或遇到明火时会立即燃烧甚至爆炸。

（五）第 5 类——氧化物质（氧化剂）及有机过氧化物

5.1 项　氧化物质。氧化物质是一种化学性质比较活泼的、在无机化合物中含有高价态原子结构的物质。其本身未必燃烧，但通常会因放出氧气能引起或促使其他物质燃烧。

5.2 项　有机过氧化物。有机过氧化物是指其物质分子结构极不稳定、易于分解的物质。

氧化物质具有以下的危险特性。

① 在一定的情况下，直接或间接放出氧气，增加了与其接触的可燃物发生火灾的危险性和剧烈性。

② 氧化剂与可燃物质，如糖、面粉、食油、矿物油等混合易于点燃，有时甚至因摩擦或碰撞而起火。混合物能剧烈燃烧并导致爆炸。

③ 大多数氧化剂和液体酸类会发生剧烈反应，散发有毒气体。

④ 有些氧化剂具有毒性或腐蚀性，或者被确定为海洋污染物。

有机过氧化物的危险特性包括：具有强氧化性，对摩擦、碰撞或热都极为不稳定，易于自行分解，并放出易燃气体；受外界作用或反应时释放大量热量，迅速燃烧；燃烧又产生更高的热量，形成爆炸性反应或分解；有机过氧化物还具有腐蚀性和一定的毒性，或者能分解放出有毒气体，对人有毒害作用。

（六）第 6 类——有毒（毒性）的物质和感染性物质

6.1 项　有毒（毒性）的物质。这是指被吞咽、吸入或者与皮肤接触易于造成死亡、重伤害或损害人体健康的物质。

有毒物质的危险特性包括：几乎所有的有毒物质遇火或受热分解时都会散发出毒性气体；有些有毒的物质具有易燃性；很多苯类物质被认为是海洋污染物。

有毒物质毒性大小的衡量指标有以下两点。

① 致死剂量，用符号 LD100 或 LD50 表示。

② 致死浓度,用符号 LC100 或 LC50 表示。

根据毒性的危险程度,有毒的物质的包装可分为 3 个类别。

① 包装类 1。呈现剧毒危险的物质和制剂。

② 包装类 2。呈现严重性危险的物质和制剂。

③ 包装类 3。呈现较低毒性危险的物质和制剂。

6.2 项 感染性物质。这是指含有微生物或者它们的毒性会引起或有可能引起人或者动物疾病的物质。

感染性物质的危险特性是对人体或动物都有危害性的影响。

(七)第 7 类——放射性物质

本类是指自发地放射出大量放射线,其放射性比活度(单位为 kBp/kg)大于 70 kBp/kg 的物质。

放射性物质放出的射线有 α 射线、β 射线、γ 射线及中子流 4 种。所有的放射性物质都因其放射出对人体造成伤害的看不见的射线而具有或大或小的危险性。

在《国际危规》中,放射性物质放出射线量的大小用放射性活度、放射性比活度、辐射水平、运输指数来衡量。

为了确保运输安全,必须对运输指数进行有效的控制。在常规运输条件下,运输工具外部表面任何一点的辐射水平不得超过 2 msv/h,并且距其 2 m 处不得超过 0.1 msv/h。装在单一运输工具上的包装件、集合包装、罐柜和货物集装箱的总数在该运输工具上的运输指数总和应不超过《国际危规》货物集装箱和运输工具的运输指数限值表中所规定的数值。

(八)第 8 类——腐蚀性物质

本类包括在其原态时都或多或少地具有能严重伤害生物组织、如果从其包装中漏出也可损坏其他货物或运输工具的固体或液体。

腐蚀性物质的化学性质比较活泼,能与很多金属、有机物及动植物等发生化学反应,并使其遭到破坏。

腐蚀性物质的危险特性包括:具有很强的腐蚀性及刺激性,对人体有特别严重的伤害;对货物、金属、玻璃、陶器、容器、运输工具及其设备造成不同程度的腐蚀。腐蚀性物质中很多具有不同程度的毒性,有些能产生或挥发有毒气体而引起中毒。

(九)第 9 类——杂类危险物质

杂类危险物质和物品具有多种危险特性,每一杂类危险物质和物品的特性都载于有关该物质或物品的各个明细表中。

二、危险货物品名编号

(一)编号的组成

危险货物品名编号由 5 位阿拉伯数字组成,表明危险货物所属的类别、项号和顺序号。

类别、项号和顺序号根据 GB 6944—86《危险货物分类和品名编号》及 GB 12268—90《危险货物品名表》中的类别项号、品名标号确定。

（二）编号的表示方法

危险货物编号的表示方法如图 9－1 所示。

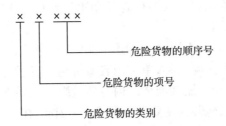

图 9－1　危险货物编号的表示方法

应为每一危险货物指定一个编号，但对性质基本相同，运输条件和灭火、急救方法相同的危险货物也可使用同一编号。例如，品名为煤气的编号为 GB No. 23023，表明该危险货物为第 2 类第 3 项有毒气体（顺序号为 023）。

三、危险货物运输包装及包装标志

（一）包装的作用

危险品货物运输包装是保护产品质量不受损坏和数量完整，防止在正常运输过程中发生燃烧、爆炸、腐蚀、毒害、放射性核辐射等事故的重要条件之一。它也是安全运输的基础。

使用一些包装材料，将商品或产品组合成符合运输要求的单件，以适应运输、储存和销售等方面的要求，这些材料所构成的物体称为包装。包装有商品包装和运输包装两类。对于运输装卸过程，主要着重检查货物的运输包装。

危险货物运输包装的作用有以下几点。

① 防止因接触雨雪、阳光、潮湿空气和杂质使产品变质或发生剧烈的化学反应而造成事故。

② 减少货物在运输过程中所受的碰撞、滚动、摩擦和挤压，使其在包装的保护下处于完整和相对稳定状态，从而保证安全运输。

③ 防止因货物撒漏、挥发及性质相互抵触的货物直接接触而发生事故或污染运输设备及其他货物。

④ 便于在运输过程中的装卸、搬运和保管，做到及时运输。

（二）包装的一般要求

1. 包装应与所装危险货物的性质相适应

由于危险货物的性质不同，对包装及容器的材质有不同的要求。例如，浓硫酸和浓盐酸都属于强酸，都是腐蚀品，但包装容器材质的选择却不相同。浓硫酸可用铁质容器，而盐酸则需用玻璃容器;氢氟酸可用塑料、橡胶质容器装运,而不能用玻璃容器;硝酸是一种强酸,对大多数金属有强腐蚀性,并可引起有机材料如木材、棉花及其纤维产品的燃烧,因此硝酸可用玻璃瓶、耐硝酸腐蚀的塑料瓶或金属制成的桶来盛装。

压缩气体和液化气体,因其处于较高压力的状态下,应使用耐压的钢瓶来装运。

包装与所装物品直接接触的部分,不应受某些物品的化学或其他作用的影响。必要时,制造包装的材料可采用惰性的材料或涂有适当的内深层,以防止发生危险反应。

2. 包装应具有一定的强度

包装应有一定的强度,一般来说,性质比较危险、发生事故造成危害较大的危险货物,其包装强度要求就高。同一种危险货物,单位包装质量越大,危险性也就越大,因而包装强度的要求也越高;质量较差或用于瓶装液体的内容器包装强度要求应较高;同一种类包装,运输距离越大,倒载次数越多,包装强度要求也应越高。因此,在设计危险货物运输包装时,应考虑其构造能否在正常运输条件下不受温度、湿度和压力等方面变化的影响,而使包装不发生损坏和所装物品无任何渗漏。例如,盛装低沸点液体的包装强度必须具有足够的安全系数,以承受住包装内部可能产生的较高蒸气压力,因此这类包装强度要求较高。

船舶装运危险货物时,由于舱容大、船舱深——一般万吨级货船舱深为 8m 左右,因此包装应有一定的强度,能经受住其上面货物质量的压力及在航行途中风浪等海况引起货物的挤压、振动而不损坏。

3. 包装的封口应符合所装危险货物的性质

对于危险货物的包装,一般来讲封口均应严密,特别是易挥发和腐蚀性强的各种气体,封口应更严密。但也有些危险货物其封口不要求密封,而且还要求设有通气孔。因此,如何封口要根据所装危险货物的特性来确定。

根据包装性能的要求,封口可分为气密封口(不透蒸气的封口)、液密封口(不透液体的封口)和牢固封口(关闭的程度应使所装的干燥物质在正常运愉过程中不致漏出)3 种。

4. 内、外包装之间应有适当的衬垫

内包装(容器)应装在外包装内,以防止内包装(容器)在正常运输的条件下发生破裂、戳穿或渗漏,而使内容器中所装物品进入外包装。特别是对于易破裂或戳穿的内包装(容器),如玻璃、陶瓷或某些塑料等制成的内包装(容器),应采用适当的减振衬垫材料固定在外包装内。属于防震、防摩擦的衬垫材料有瓦楞纸、泡沫塑料、塑料袋等;属于吸收性材料的有矿土、陶土等。

5. 包装应便于装卸、运输和储存

每件包装的最大容积和最大净重均有规定。根据《国际海运危规》的规定,包装的最大容积为 450 L,最大净重为 400 kg。我国的水路危规目前也采用这一标准。由此看来,每个包装件的最大容积和最大净重不得过大或过重,对于较重的包装件应设有便于提起的提手或吊装的吊扣,以便于搬运和装卸。同样,包装的外形尺寸应与船舱的容积、载重、装卸机具相配合,以利于装卸、积载、搬运和储存。

(三)包装类型及标志

1. 包装类型

危险货物运输包装除第 2 类、第 7 类危险货物所用的包装另有规定外,其他的各类危险

货物包装根据其危险程度不同,可分为以下 3 个等级。

① Ⅰ类包装物适用于内装危险性较大的货物。

② Ⅱ类包装物适用于内装危险性中等的货物。

③ Ⅲ类包装物适用于内装危险性较小的货物。

2. 包装标记

凡通过性能试验合格的包装,均应标注持久清晰的标记,以示证明。例如,X 用于Ⅰ类包装;Y 用于Ⅱ类包装;Z 用于Ⅲ类包装。

3. 危险货物运输包装标志

（1）标志的种类及式样

根据危险货物的危险性质和类别,危险货物运输包装标志可分为主标志和副标志。主标志为表示危险货物危险特性的图案、文字说明、底色和危险货物类别号 4 个部分组成的菱形标志;副标志与主标志的区别在于没有危险货物类别号。当某一危险货物具有两种或两种以上危险性时,需同时采用主标志和副标志。

主标志和副标志的图案力求简单明了,并能准确地表示危险货物所具有的危险性质。

危险货物包装标志的底色尽量与所表示货物的危险性相对应。

我国危险货物包装标志中的文字一般采用中文。考虑到外贸运输的需要,也可采用中外文对照或外文形式,外文一般采用英文。

（2）危险货物包装标志的尺寸

危险货物包装标志的尺寸一般不得小于 100 mm×100 mm;集装箱和可移动罐柜上危险货物包装标志的尺寸一般不得小于 250 mm×250 mm。

危险货物包装标志见附录 D。

（3）危险货物包装标志的材质和粘贴

危险货物包装标志的材质和粘贴应满足运输的要求。根据国际海事组织的规定,危险货物包装标志要求在海水中浸泡 3 个月后不脱落,图案和文字仍清晰。考虑到实际情况,作为最低标准,危险货物包装标志要求在储运期间不脱落、不褪色、图案和文字清晰。

（4）危险货物包装标志的标用方法

凡向运输部门托运的危险货物,每个包装件上都必须粘贴《国际危规》所规定的相应的危险货物包装标志。

危险货物包装标志粘贴的位置如下。

- 箱状包装应位于包装两端或两侧的明显处。
- 袋状包装应位于包装明显的一面。
- 桶状包装应位于桶盖或桶身。
- 集装箱应位于箱的四侧。

四、危险货物运输的技术条件

（一）装运危险货物的基本要求

装运危险货物只要符合一定的技术条件并辅以谨慎操作,就可以达到安全运输的目的。

如果危险货物的包装、标志、积续、隔离均符合《国际危规》的要求,那么运输工具本身的构造、设备是否也达到装运危险货物的要求,就成为确保运输安全的重要条件了。运输工具既需要符合运输安全的基本条件,又必须适应装载危险货物的特殊要求。例如,船舶要满足建造规范、稳性规范和抗沉规范等。按照这些规范建造的船舶,能够满足装运货物的基本要求。

(二)危险货物的承运及其装运与积载要求

1. 装运危险货物的运输工具条件

装运危险货物应采用优质运输工具,应有可靠的电器连接装置或避雷装置。同时,应具备相应的设备条件,如防火、救灾的设备。装运爆炸品、易燃气体、易燃液体、易燃固体及遇湿危险物质的运输工具都应符合相应的运输要求。

2. 危险货物的承运要求

(1)具有合格的包装

包装的材质、形式、包装方法及包装封口等应与所装危险货物的性质相适应,包装制作恰当,且状况完好;包装的内表面与被运输内装物质接触时,应具有不致发生危险性反应的特性;包装应坚固,具有一定的强度,能经受得住装卸及运输方式的一般风险;液体包装容器内要有适当的衬垫,在布置上应能防止货物移动;所采用的吸收材料,在数量上应足够吸收液体,防止由于容器万一破裂所造成的货物外漏。

危险货物的包装应符合要求,并被主管部门确认,取得包装适用证书方可使用。装有危险货物的包装应经有关检验机关检验合格,取得包装检验证明书。

(2)具有正确的标记、标志及标牌

每个装有危险货物的包件都应标有其内装物的正确运输名称的耐久标记。其标注方法应符合运输与包装的要求,标记在海水中至少浸泡3个月后仍然清晰。含有海洋污染物的包件还应标以耐久的海洋污染物标记。

除另有规定者(第9类杂类危险物质,没有特殊的标志要求)外,一切盛装有危险货的包件应有适当的识别标志、图案标志或标牌,以表明货物的危险性质。

同时具有两种以上危险货物的包件,应贴主标志和副标志。副标志下角无类别号,以示主、副区别。一般在物质明细表中都应注明主、副标志。

(3)具有正常完备的托运单

对托运人提交的危险货物申报单内必须填写危险货物的正确运输名称、数量、货物的类别及细分类(对第1至4类物质和物品还应说明配装类及积载需求)、联合国编号(托运"限量内危险货物"无此要求)及《国际危规》页码,并需出具危险货物包装审核单位签署的包装适用证书及危险货包装检验机构签署的包装检验证明书。在危险货物申报单中应附有说明该交付托运的危险货物业已妥善包装和妥警地加上了标记、标志和标牌及合适的装运状态的证明书或声明书。

如果危险货物系海洋污染物(凡含有10%或者以上的一种或几种对海洋会造成污染的及含有1%以上对海洋会造成非常严重的潜在污染的溶液或者混合物),应标明"海洋污染物"。

托运《国际危规》中未列名的危险货物时,应填报危险货物技术证明书。

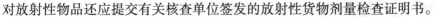

对放射性物品还应提交有关核查单位签发的放射性货物剂量检查证明书。

采用集装箱运输的危险货物,必须在运输前取得装箱部门提供的经有关法定机关或监装机关签发的危险货物装箱证明。采用水运方式,则装运危险货物的船舶应具有列明船上所装危险货物及其位置的特殊清单或舱单。标明所有危险货物类别并注明其在船上位置的详细的货物积载图可以代替此种特殊清单或舱单。

(三) 危险货物的装运与积载要求及注意事项

要认真核对货主托运的危险货物的正确运输名称、理化特性、所属类别、包装数量、积载要求、消防急救措施及对运输管理的要求等。对性质不清的货物,必须弄清其性质。对《国际危规》品名表中未列明的危险货物(即对运物中不常见的或国际贸易中的新产品,其性质属该类别定义范围内,并在各类中授予了联合国编号,但在该规则中未列出具体名称的物质或物品),应要求托运单位提交危险货物技术证明书。在装运前,需要认真检查包装和标志,对具有多种危险性质的货物应坚持标贴副标志。凡不符合规定或质量不符合要求的,应一律不接受托运。

如果运输设备有明显缺陷,应积极采取措施进行修复或改装。装运危险货物时,必须事先对运输设备进行临时检验。在检查认可合格,并取得合格装运危险品证书后,方可接受承运。

五、危险货物的积载、隔离、配装

(一) 爆炸品的配装与积载

第1类爆炸品的积载方式及要求与其他各类危险货物有所不同,一般要求较高。第1类爆炸品可按配装表进行积载。

(二) 危险货物的隔离

各类危险货物相互之间的隔离,按照危险货物隔离表的要求,分为4个级别——隔离1至隔离4,即"远离""隔离""用一整个舱室或货舱隔离"和"用一个介于中间的整个舱室或货舱做纵向隔离"。参见附录E危险货物隔离表。

隔离表中列出的是危险货物各类别之间的一般隔离要求,但鉴于每一类别中的物质或物品的特性差别很大,因此应随时查阅明细表中对隔离的具体要求。

① 隔离1指"远离"。

② 隔离2指"隔离"。舱内积载时,应装在不同的货舱内。

③ 隔离3指"用一整个舱室或货舱隔离"。

④ 隔离4指"用一个介于中间的整个舱室或货舱做纵向隔离"。

危险货物与食品的隔离应做到:危险货物与食物要隔离;有毒物质及放射性物品与食品及其原料应"隔离";所有感染性物质的积载应与食品"用一个整舱或货舱隔离"。

(三) 装运危险货物集装箱的隔离要求

装运危险货物集装箱的隔离原则是严格按配装要求进行配箱的,严格按隔离要求和积载类要求进行积载。除按隔离表积载外,集装箱还应按下列要求进行积载。

1. 装运危险货物集装箱在"隔离1"条件的积载

① 封闭式集装箱的垂直积载。

② 封闭式集装箱的水平积载。

③ 开敞式集装箱的水平积载。

2. 装运危险货物集装箱在"隔离2"条件下的积载

① 封闭式集装箱的水平积载。

② 开敞式集装箱的水平积载。

开敞式集装箱不应装在同一个舱室内;隔离舱壁应为钢质;舱面积载应按封闭式集装箱的要求进行处理。

3. 装运危险货物集装箱在"隔离3"条件下的积载

① 封闭式集装箱不应装在同一舱室内,且两个舱室之间的舱壁应为优质。

② 开敞式集装箱应隔开一个整舱,中间壁隔离两个钢质舱壁或甲板。

③ 可舱面积载。

4. 装运危险货物集装箱在"隔离4"条件下的积载

① 封闭式集装箱应隔开两个钢质舱壁或隔开一个钢质舱壁。但间隔至少24 m,且距舱壁最近处的距离不少于6 m。

② 开敞式集装箱至少隔两个钢质舱壁。

六、集装箱内危险货物的积载

(一)危险货物在集装箱内积载的一般要求

1. 适箱货物

适箱货物是指适合装箱的危险货物。它一般是指包装完好,符合运输条件的危险货物。

2. 配装要求

危险货物的箱内配装应按配装表的要求进行配装。

3. 隔离要求

这是指按隔离要求将危险货物用不容易与其发生反应的货物(危险货物、普通货物)进行有效隔离。

4. 安放与固定

箱内货物之间或货物和箱壁之间有空隙,在运输和航行途中会造成货物的移动或碰撞,不但会引起箱内货物的损坏、箱体的损坏,还会造成一定的危险性。为避免事故的发生,必须对箱内的危险货物进行固定。

(二)箱内危险货物的配装

1. 爆炸品的配装

(1)爆炸品之间的配装

《国际危规》将第1类货物分成12个配装类,我国《水路危险货物运输规则》(简称《水路危规》）将第 1 类货物也分成 12 个配装类。爆炸品之间的配装,应严格按爆炸品配装类的规定进行配装。

爆炸品之间的配装一般将性质相似的类划分为同一配装类,并根据不同的配装类提出相应的隔离要求。属于同一配装类组的爆炸品可以放在一起运输,属于不同配装类组的爆炸品原则上不能放在一起运输。

例1 　1.1A 与 1.1B 的配装。

1.1A 为起爆物质;1.1B 为含起爆药,且不含两种有效保险装量的物品。

根据爆炸品之间的配装要求,1.1A 与 1.1B 是不能配装,即不能同箱运输。

例2 　1.1B 与 1.2B 的配装。

1.1B 是具有整体爆炸危险的物品;1.2B 是具有抛射危险,但无整体爆炸危险的物品。

根据爆炸品之间的要求,1.1B 与 1.2B 可以配装,即能同箱运输。

（2）爆炸品与压缩气体和液化气体的配装

这是第 1 类与第 2 类的配装。爆炸品发生爆炸或燃烧后,极易引起气体钢瓶的爆炸,故一般都不得与第 2 类配装。而且,易燃气体和爆炸品应按“隔离 4”的要求进行隔离,不易燃气体和爆炸品应按“隔离 1”的要求进行隔离(但可同舱)。

（3）爆炸品与第 3 类、第 4 类的配装

爆炸品与第 3 类、第 4 类均不能配装,第 3 类与第 1 类应按“隔离 4”的要求进行隔离。

（4）爆炸品与第 5 类的配装

第 5 类除具有较强的氧化性外,很多还具有易燃易爆的特性,故不能与第 1 类配装。

（5）爆炸品与第 6 类的配装

第 6 类具有较强的毒性和感染性,一旦发生事故,会使损害扩大,施救困难,故不能与第 1 类配装。

（6）爆炸品与第 8 类配装

很多腐蚀品易与爆炸品发生化学反应,很多还具有易燃性,故不能与爆炸品配装。

2. 第 2 类的配装

（1）第 2 类与第 3 类

2.1 项与第 3 类、第 4 类不得配装;2.2 项与自燃物品可同舱积载,但需隔离。

（2）第 2 类与第 5 类

2.1 项与 5.1 项不得配装;第 2 类与 5.2 项不得配装。

3. 第 3 类的配装

第 3 类与第 4 类不得配装;第 3 类与第 5 类应按隔离表装配。

4. 第 4 类的配装

不得与酸性腐蚀品配装。

5. 第 5 类的配装

5.1 项与 5.2 项不得配装;第 5 类与第 8 类不得配装。

6. 第 7 类的配装

不得与除第 6 类以外的其他各类同舱积载。

（三）各类危险货物在箱内的积载与固定

① 积载。积载应符合配装要求和隔离要求。

② 固定。固定物体用的结构、装置、用具及材料应符合危险货物运输的要求;箱内固定的方法要合适恰当;各类危险货物在箱内积载均应有效地固定。

七、危险货物集装箱的装卸与保管

(一)装卸危险货物集装箱前的准备工作

① 明确危险货物的性质、积载位置及应采取的安全措施,并申请监装,取得适装证书。

② 应将审签的货物积载图交当地法定机关进行审定。

③ 保证舱室清洁、干燥和水密。

④ 在装卸货现场,备妥相应的消防设备,并使其处于随时可用状态。

⑤ 夜间作业应备好足够的照明设备;装卸易燃易爆危险货物必须使用防爆式或封闭式安全照明设备,严禁使用其他不安全灯具。

⑥ 起卸放射性物品或能放出易燃、易爆、有毒气体的危险货物前,应进行充分的通风;应有防止摩擦产生火花的措施,须经有关部门检测后才能开始卸货作业。

(二)装卸危险货物的注意事项

危险货物的装卸工作尽可能安排在专用作业场地,严格按货物积载图装货,执行装卸货注意事项,加强监装监卸,注意装卸货安全。

① 装卸作业时,要悬挂显示规定的灯号或标志。

② 装卸危险品时,应有专人值班,并进行监装监卸工作,坚守岗位,落实各项安全措施。

③ 装货时监装人员应逐件检查货物包装及标志,破、漏、渗的包装件应拒装。

④ 严格按积载图装货,执行装卸货物的注意事项。

⑤ 装卸危险货物时应使用适当的机具。在装卸易燃、易爆、剧毒、腐蚀及放射性危险货物时,装卸机具应按额定负荷降低 25% 使用;在装卸易燃或爆炸品时禁止使用易产生火花的工具。

⑥ 装卸危险货物时应采取正确的作业方法,小心谨慎地操作,平稳吊落货物,轻拿轻放,严禁撞击、摩擦、拖拉、滑跌、抛丢、坠落、翻滚、挖井等野蛮作业;保持包装完好,严禁超高堆装,堆码整齐牢固;桶盖、瓶口应朝上,禁止倒置、倒放。

⑦ 根据危险货物不同的性质,活用相应的铺垫隔衬材料进行衬垫、遮盖、绑扎和加固。

⑧ 起卸包装破漏的危险品时现场严禁明火,有关人员应站在上风处,对包装破损严重的,要进行必要的修理和清洁工作,以避免危险品的大量渗漏,但必须十分注意安全,并根据应急措施表及医疗急救指南采取相应的措施。

⑨ 在装卸爆炸品或烈性易燃品时,不得进行能产生火花的检修工作和拷铲油漆作业。

⑩ 装卸危险货物过程中,遇有闪电、雷击、雨雪天或附近发生火警时,应立即停止装卸货作业。

⑪ 停装停卸时,应关闭照明及电源。

⑫ 装完货后应进行全面检查,应及时取得监装。

危险货物集装箱的保管应符合有关堆放、储存、转运的法令法规及企业的规章制度。

任务实施

（一）涉及工作人员

本任务的实施涉及的工作人员:危场管理人员。

（二）工作内容

1.资质

（1）作业资质

港口企业必须向所在地港口行政管理部门申请危险货物作业资质并获得危险货物作业认可证。

港口企业必须保证具有符合国家标准的相关设备、设施;必须保证至少有一名企业主要负责人具备危险货物安全生产知识和管理技能;必须具备应急预案和相关安全制度。

（2）上岗资质

从事危险货物港口作业的管理、作业人员必须接受有关法律、法规、规章和安全知识、专业技术、职业卫生防护、应急救援知识的培训,并经交通部或其授权的机构组织考核合格后取得作业资格证书。

（3）申报资质

从事危险货物港口作业的企业,在危险货物港口装卸、过驳、储存、包装、拆装箱等作业开始24小时前,应将作业委托人、危险货物品名、数量、理化性质、作业地点、时间、安全防范措施等事项向所在地港口行政管理部门申报,港口行政管理部门在接到申报后24小时内做出是否同意作业的决定。申报员应参加由港口管理部门组织的或由其认可的专业培训机构的培训,取得申报资格证书。

2.现场作业流程规范

（1）进口危险货物集装箱作业流程规范

船代必须在船舶靠泊24小时前向港口综合计划室调度书面传递进口危险货物清单、船舶载运危险货物申报单等。

计划室调度将有危险货物作业的船名航次、预泊时间和进口危险货物资料等书面传递给特种箱管理员,进口危险货物资料包括进口危险货物集装箱清单、船舶载运危险货物申报单。

特种箱管理员整理危险货物资料,与船代进行联系索要其他危险货物申报需要的资料,并向港口管理部门进行申报,手续完备后将可作业信息及作业注意事项传递到计划室调度、安监部和值班主任。

特种箱管理员根据危险货物分类安排堆存位置,危险货物集装箱堆存高度不超过两层;1、2、7类危险货物集装箱不允许在港区堆放;包装等级1级的危险货物在港堆存时间不得超过24小时;6类危险货物集装箱应采取门对门堆放;不同类危险货物集装箱应分位堆放。特种箱管理员排好位置后通知计划室策划员输入系统。

生产指导员组织危险货物装卸作业时,应严格按照作业注意事项做好事故预防措施和应急措施;安监员在作业时加强监督指导,落实交接员检查箱体状况和危险品标志粘贴情况等,危险品标志与清单类别不符合的拒绝卸入堆场,并通报特种箱管理员进行资料核实。

危险货物集装箱进场作业时中控员要电话通知特种箱管理员,特种箱管理员根据作业信息和注意事项到现场监管,并做好进场记录;特种箱管理员还应核实堆放位置并监督危险品箱区隔离栏状况。

在危险品箱场内作业时,特种箱管理员必须在场监管,场内机械司机在没有特种箱管理员在场的情况下不可作业。

危险货物集装箱提箱时,检查口人员电话通知特种箱管理员,特种箱管理员根据作业信息和注意事项到现场监管,并在集装箱出场后做好出场记录;特种箱管理员还应核实堆放位置并监督危险品箱区隔离栏状况。

（2）出口危险货物集装箱作业流程规范

危险货物进场前24小时货运代理人应将危险货物信息传递给码头箱务管理口,码头特种箱管理员应及时整理资料,向港口管理部门进行作业申报,手续完备后反馈信息给货运代理后可以进场。

危险货物集装箱进场时检查口人员电话通知特种箱管理员,特种箱管理员根据作业信息和注意事项到现场监管,并做好进场记录;特种箱管理员还应核实堆放位置并监督危险品箱区隔离栏状况。

危险货物集装箱进场时必须提交危险货物装箱证明书和船舶危险货物载运申报单给检查口,否则应拒绝进场卸箱。

检查口验箱员应核对箱体四周是否贴有正确的危险品标志及箱体状况是否正常。

危险货物集装箱出场装船作业时,中控室通知特种箱管理员,特种箱管理员根据作业信息和注意事项到现场监管,并在集装箱出场后做好出场记录;特种箱管理员还应核实堆放位置并监督危险品箱区隔离栏状况。

危险货物集装箱装船作业时,生产指导员严格按作业注意事项的内容组织作业,做好事故预防措施和应急措施;安监员在作业时加强监督指导,落实交接员检查箱体状况和危险品标志粘贴情况。

3. 危险货物集装箱堆存管理规范

① 危险货物集装箱堆存必须建立巡视监管制度,特种箱管理员应保证每天5次巡视,每4小时巡查一次,每次巡视必须确定在场集装箱的数量准确、状况良好(包括箱体、危险品标志及铅封完好)和危险货物场区的设施情况正常并做好记录。

② 高温季节应做好喷淋降温工作,特种箱管理员在气温33℃以上时应组织对易燃易爆类危险货物集装箱每隔两小时喷淋一次,并做好喷淋记录。易燃易爆类危险货物包括3类、4.1类和5.1类。

③ 危险货物集装箱堆存必须建立交接班制度,特种箱管理员在交接班时,应认真填写交接班记录,如实反映交接情况。

④ 危险货物集装箱堆存必须建立进出场记录制度,详细记录危险货物集装箱进出危险货物场区的时间、作业信息等动态。

4. 危险货物集装箱事故应急处理规范

① 危险货物集装箱堆场发生集装箱变形、泄漏、冒烟、起火、爆炸等事故时,发现人应按照《化学事故应急救援预案》第一时间通知指挥部(联系人为当班值班主任)。

② 安全生产指导员应及时疏散现场无关人员,抢救受伤人员,并在确保安全的前提下根据事故性质实施事故源头切断工作和堵漏工作。

③ 特种箱管理员应在公司化学事故应急救援小组成员的指挥下,对事故进行控制和处理,并将相关危险货物的性质向救援小组成员进行报告。

5. 危险货物集装箱查验作业规范

① 危险品箱查验如果是 H986 机检设备,可以进行查验。

② 禁止在场内对危险品箱进行开箱查验。

③ 计划受理员在受理时进行是否允许作业的控制。

数字化运营

一、堆存策划

打开"集散中心场位图",查看堆场堆存情况,如图 9-2 所示。

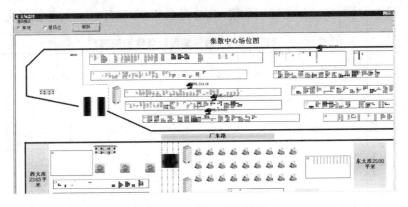

图 9-2　堆存整体策划

二、确定危险品类别

查询《危险货物品名表》,确定货物危险品类别。

GB12268《危险货物品名表》

1# 主题内容与适用范围

本标准规定了危险货物的品名和编号。

本标准适用于危险货物运输、生产、贮存和销售。

2# 引用标准

GB 6944 危险货物分类和品名编号

GB 7694 危险货物命名原则

3# 术语

稀释 dilution

指在物品中加入水、醇或其他溶剂，以降低溶液的浓度或涂料的黏度。

涂层 coating

指物品表面经处理后，包覆一层油、蜡或其他材料，可防止物品与水或其他物质发生化学反应。

4# 第一类爆炸品

4.1 第1项具有整体爆炸危险的物质和物品

编　号	品　名	别　名	备注(1)
11001	爆破用电雷管	工程电雷管	0030

图9-3　危险货物品名表

三、隔离

查询《国际危规》对危险品集装箱的隔离表(见表9-2和表9-3)，按照规定策划堆存。

表9-2　《国际危规》对包装危险货物的隔离表

类　别		1.1 1.2 1.5	1.3 1.6	1.4	2.1	2.2	2.3	3	4.1	4.2	4.3	5.1	5.2	6.1	6.2	7	8	9
爆炸品	1.1,1.2,1.5	*	*	*	4	2	2	4	4	4	4	4	4	2	4	2	4	×
爆炸品	1.3,1.6	*	*	*	4	2	2	4	3	3	4	4	4	2	4	2	2	×
爆炸品	1.4	*	*	*	4	2	2	4	3	3	4	4	4	2	4	2	2	×
易燃气体	2.1	4	4②	2	×	×	×	2	1	2	×	2	2	×	4	2	1	×
无毒不燃气体	2.2	2	2	1	×	×	×	1	×	1	×	×	1	×	2	1	×	×
有毒气体	2.3	2	2	1	×	×	×	2	×	2	×	×	2	×	2	1	×	×
易燃液体	3	4	4	2	2	1	2	×	×	2	1	2	2	×	3	2	×	×
易燃固体	4.1	4	3	2	1	×	×	×	×	1	×	1	2	×	3	2	1	×
易燃自然物质	4.2	4	3	2	2	1	2	2	1	×	1	2	2	1	3	2	1	×
遇湿危险物质	4.3	4	4②	2	×	×	×	1	×	1	×	2	2	×	2	2	1	×②
氧化剂	5.1	4	4	2	2	×	×	2	1	2	2	×	2	1	3	1	2	×
有机过氧化剂	5.2	4	4	2	2	1	2	2	2	2	2	2	×	1	3	2	1	×
毒害品	6.1	2	2	×	×	×	×	×	×	1	×	1	1	×	1	×	×	×
感染性物质	6.2	4	4	4	4	2	2	3	3	3	2	3	3	1	×	3	3	×
放射性物质	7	2	2	2	2	1	1	2	2	2	2	1	2	×	3	×	2	×
腐蚀品	8	4	2	2	1	×	×	1	1	1	1	2	1	×	3	2	×	×
杂类危险物质和物品	9	×	×	×	×	×	×	×	×	×	×	×	×	×	×	×	×	

表中，1——"远离"；

2——"隔离"；

3——"用一整个舱室或货舱隔离"；

4——"用一介于中间的整个舱室或货舱作纵向隔离";

×——隔离要求(如存在)应查阅物质明细表;

②——《我国水路危规》定义"2——隔离";

*——详见《国际危规》第1类爆炸品之间的隔离要求。

表9-3　《国际危规》对危险品集装箱的隔离表

隔离要求	垂直			水平					
	封闭式与封闭式	封闭式与开敞式	开敞式与开敞式	封闭式与封闭式		封闭式与开敞式		开敞式与开敞式	
				舱面	舱内	舱面	舱内	舱面	舱内
"远离"1	允许一个装于另一个上面	允许开敞式装于封闭式上面,否则按开敞式和开敞式的要求装载	除非以一层甲板隔离,否则不容许装于同一垂线上①	首尾向 无限制	无限制	无限制	无限制	一个箱位	一个箱位或隔一个舱壁
				横向 无限制	无限制	无限制	无限制	一个箱位	一个箱位
"隔离"2	除非以一层甲板隔离,否则不允许装于同一垂直线上①	按开敞式与开敞式的要求装载		首尾向 一个箱位	一个箱位隔一个舱壁	一个箱位	一个箱位隔一个舱壁②	一个箱位	隔一个舱壁
				横向 一个箱位	一个箱位	一个箱位	两个箱位②	两个箱位②	隔一个舱壁
"用一整个舱室或货舱隔离"3				首尾向 一个箱位②	隔一个舱壁	一个箱位②	隔一个舱壁	一个箱位②	隔一个舱壁
				横向 两个箱位②	隔一个舱壁	两个箱位②	隔一个舱壁	三个箱位②	隔两个舱壁
"用一介于中间的整个舱室或货舱做纵向隔离"4	禁止			首尾向 最小水平距离24 m②	隔一个舱壁并且最小水平距离不小于24 m③	最小水平距离24 m②	隔两个舱壁	最小水平距离24 m②	隔两个舱壁
				横向 禁止	禁止	禁止	禁止	禁止	禁止

表中,所有舱壁和甲板均应是防火防液的;

① ——对于无舱盖集装箱货船,《国际危规》定义为"不允许在同一垂线上";

② ——对于无舱盖集装箱货船,《国际危规》定义为"一个箱位且不在同一货舱上";

③ ——集装箱距离中间舱壁不少于6.0 m。

"封闭式"是指封闭式集装箱,意为采用永久性的结构将内装货物全部封装在内的集装箱。它不包括具有纤维质周边或顶部的集装箱。

"开敞式"是指开敞式集装箱,意为非封闭式集装箱。

"一个箱位"是指前后不小于6 m,左右不小于2.4 m的空间。

四、进场

(一)进箱预录

进入"进箱预录"模块,完成进箱信息预录,如图9-4所示。

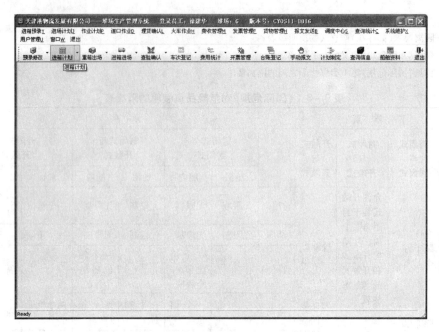

图9-4 进箱预录

（二）进箱计划制订

预录信息填写完毕,生成进箱计划。当单击某一个制订好的计划时,在窗口右边显示此条计划所包含的所有箱子信息,如图9-5所示。当需要退订某个集装箱时,先选中此集装箱,单击"计划退订"按钮,此时系统将会提示该集装箱退订成功。

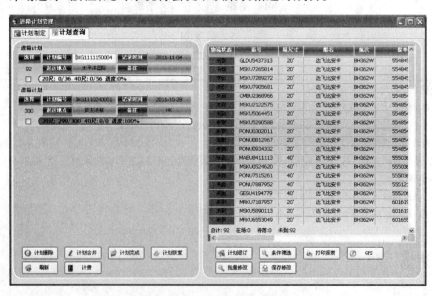

图9-5 计划查询窗口

（三）场地策划

根据规划好的箱位合理堆存,如图9-6所示。

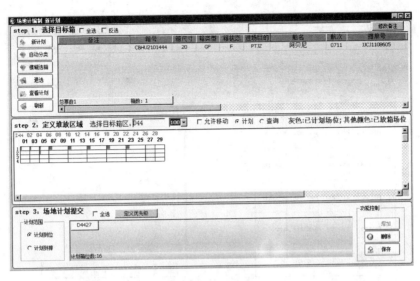

图9-6　场地策划

（四）进箱车辆进场

如果选用内车队，堆场计划员需要向调度室发送用车申请，安排车辆到集装箱所在地进行提箱。

闸口业务员选择"道口作业"菜单下的"进箱进场"命令，打开"进箱车辆道口进场"对话框，填写车牌号，完成进场确认，如图9-7所示。

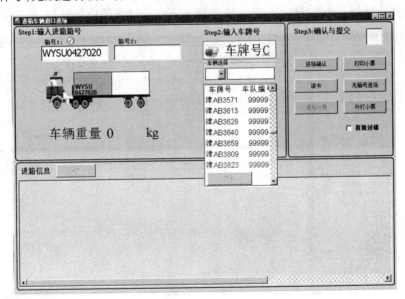

图9-7　派车计划

（五）场内收箱确认

场吊司机完成落箱作业，如图9-8所示。

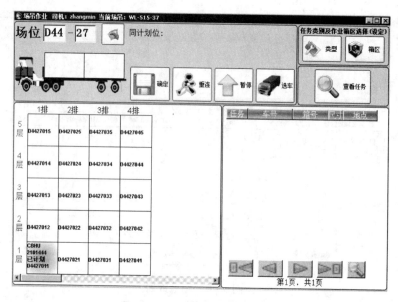

图9-8 进箱车辆场吊作业

五、离场

(一) 重箱出场

选择"作业计划"菜单下的"重箱出场计划"命令,制订重箱出场计划,如图9-9所示。

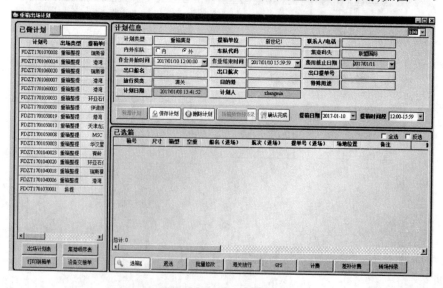

图9-9 重箱出场计划

(二) 空箱出场

选择"作业计划"菜单下的"空箱出场计划"命令,制订空箱出场计划,如图9-10所示。

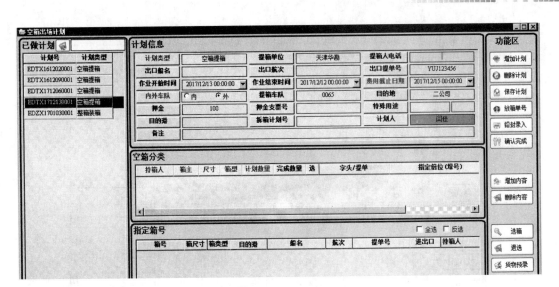

图9-10　空箱出场计划

（三）费用结算

单击"计费"按钮，进行费用结算，如图9-11所示。

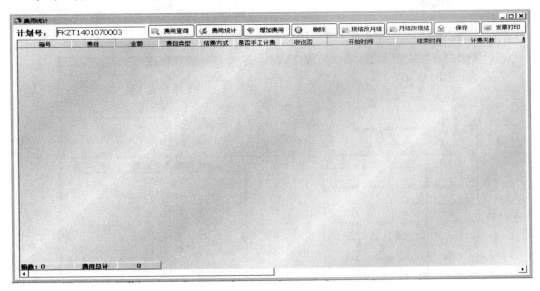

图9-11　费用结算

（四）提箱车辆出场

通过使用"道口作业"菜单，输入集装箱出场计划号，如图9-12所示。

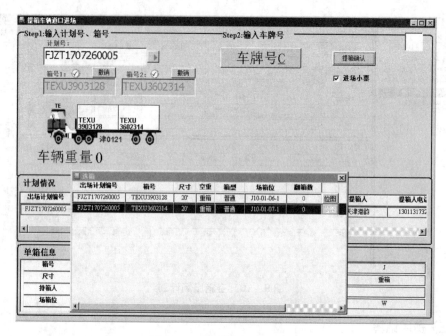

图9-12　提箱车辆道口进场

（五）场吊确认

场吊作业结束时，理货员完成场吊作业确认，如图9-13所示。

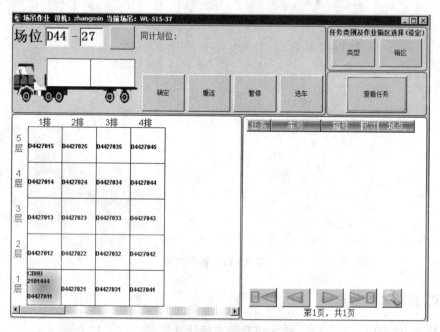

图9-13　提箱车辆场吊作业

（六）道口出场

闸口业务员通过使用"道口作业"菜单，为即将驶离的集装箱拖车办理出场业务操作。

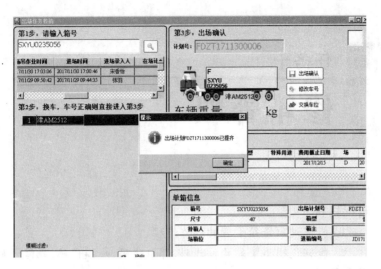

图 9 - 14　出场任务核销

任务测评

2017 年 9 月,某进出口贸易公司(以下简称 A 公司)进口一批货物,具体如表 9 - 4 所示。进口港为天津新港,共计 14 个集装箱。

表 9 - 4　堆场信息统计表

箱　　号	船名/航次	开仓日	截关日	预约进场日	箱　型	离　场	目的港	货物名
WSDU2111868	0512E	3 - 8,MAR	8,MAR	3,MAR	22T1 重	13,MAR	天津新港	液化石油气
GESU2318783	0512E	3 - 8,MAR	8,MAR	3,MAR	22T1 重	13,MAR	天津新港	原油
BMOU4137164	0512E	3 - 8,MAR	8,MAR	3,MAR	22T0 重	13,MAR	天津新港	石脑油
CLHU8062417	0512E	3 - 8,MAR	8,MAR	3,MAR	22T0 重	13,MAR	天津新港	烟用香精
CLHU2775283	0512E	3 - 8,MAR	8,MAR	3,MAR	22T0 重	13,MAR	天津新港	打字机洗字水
GESU3017423	0512E	3 - 8,MAR	8,MAR	3,MAR	25G1 重	13,MAR	天津新港	红磷
CLHU3138844	0512E	3 - 8,MAR	8,MAR	3,MAR	25G1 重	13,MAR	天津新港	硫磺
WSDU2083370	0512E	3 - 8,MAR	8,MAR	3,MAR	25G1 重	13,MAR	天津新港	活性炭
WSDU2105504	0512E	3 - 8,MAR	8,MAR	3,MAR	25G1 重	13,MAR	天津新港	锌粉
GESU5224184	0512E	3 - 8,MAR	8,MAR	3,MAR	25G1 重	13,MAR	天津新港	汽车门窗胶
GESU2316008	0512E	3 - 8,MAR	8,MAR	3,MAR	25G1 重	13,MAR	天津新港	安全火柴
CLHU2149021	0512E	3 - 8,MAR	8,MAR	3,MAR	25G1 重	13,MAR	天津新港	棉花
WSDU2061520	0512E	3 - 8,MAR	8,MAR	3,MAR	25G1 重	13,MAR	天津新港	云母带
GESU3240695	0512E	3 - 8,MAR	8,MAR	3,MAR	25G1 重	13,MAR	天津新港	蓄电池

要求:

1. 根据信息完成危险货集装箱进离堆场操作的全部流程并完成合理堆存。

2. 根据操作总结危险货集装箱堆存策略。

任务十

修箱管理

知识目标

1. 能够说出修箱管理的操作流程。
2. 能够说明集装箱构件代码、部位代码、残损代码、维修代码。

能力目标

1. 能够完成堆场作业中修箱管理的信息流转。
2. 能够利用系统软件实现集装箱修箱管理。

任务引入

师傅(走到办公桌前):小张啊,你昨天做的那个空箱进场计划还记得吗？一会儿,那个空箱要进场了,你来处理一下啊。

小张:就是我昨天上午完成的那批计划吗？

师傅:对,你昨天完成的进场计划和场地策划都很好。今天集装箱要进场了,这项工作交给你了,你来试试吧。

小张:好的,那我来试试。

小张:这是一个空箱,作为闸口业务员,首先根据司机递交的设备交接单核对集装箱箱号和车牌号。

小张:确认信息一致后,在系统中找到"道口进场",先输入进箱车号。然后,输入车牌号。之后,单击"进场确认"按钮,确认进场。单击"打印小票"按钮,由打印机打印进场小票,把进场小票交付给司机,完成进场操作。

小张:师傅,这样做就可以了吧？

师傅:嗯,大体说来还不错,只是你忽略了一项重要内容——查验。如果这个集装箱无任何残损,按你的操作就没有问题。但如果这个集装箱出现了残损,你未做查验,就直接放行,那么箱损的责任就难以界定了。

小张:师傅,怎么来进行验箱啊？

师傅:今天我就给你讲讲如何来验箱吧。当集装箱卡车司机来到进口闸口(或检查桥)下车时,他要接受验箱人员的检验。验箱员根据设备交接单来判断是哪家船公司的箱子,然后根据其船公司的标准进行检验。各家船公司标准有所不同。

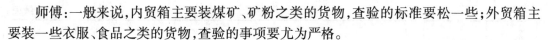
师傅：一般来说，内贸箱主要装煤矿、矿粉之类的货物，查验的标准要松一些；外贸箱主要装一些衣服、食品之类的货物，查验的事项要尤为严格。

师傅：你来看看这个集装箱。

根据集装箱检验标准，这个箱子就不是好箱。你看，集装箱的地板都是油渍。

判别油渍的标准是：按下清洁干燥的白色餐巾纸，如果没有明显的新鲜残留就是可以接受的；如果有明显新鲜污渍转移，就是不可接受的，需要修理。

这个集装箱明显不符合检验标准文件的规定：floor must be cargo worthy（地板必须适货）。因此，需要在修箱处进行全面清洁。

师傅：再来看这个例子。你来分析一下这个箱子的情况吧。

小张：这个箱子不能算是好箱吧？（查看纸质文件）这个箱子是属于海丰公司（见附录B）的集装箱，它的顶部有好多孔，根据1.3"不可接受的损伤"，该集装箱应该属于"不适合装货"的集装箱。

师傅：不错，顶端有残损，会直接损坏所装载的货物，的确是残箱。那么这个呢？

小张：这个集装箱的右边侧下梁弯曲变形。根据海丰公司的集装箱验箱标准第2条，底侧梁凹进、剪切、撕裂、破碎、破裂变形超过50 mm，属于残箱，应通过焊接或调焊、挖补或部分替换或完全替换进行维修。

师傅：学得很快啊。当检验完毕后，验箱员需要根据情况来判断箱子是好箱还是残箱，如果是好箱，在设备单上签AV并签上名字，残箱则签DM。对有些特殊的箱子，需要备注是什么箱子。检验完毕后，就可以把设备交接单交给司机师傅了，告知其完成缴费，完成集装箱进场操作。

 任务分析

集装箱进出场流程均采用集装箱堆场定位管理操作系统，要求卡口、正面吊、叉车、修洗箱办、集卡等各部门密切配合，合理调配，减少倒箱，确保效率最大化。质量标准（QC）部门是公司专门设立的为确保修箱质量的职能部门，应该高度重视并认真履行职责。其所涉及的岗位说明书如表10-1所示。

表10-1　岗位说明书

岗位说明书

岗位标识	岗位名称	冷箱修箱班长	岗位编码		分析日期	2017-07-08
	所属部门	修箱部	岗位类别及级别	/	修改次第/版本	00/A
	直接上级岗位名称	修箱部主管	直接下级岗位名称	冷箱电工、冷箱技术员		
	可轮换岗位	无				
工作概述	安排冷箱的检验和维修，整理冷箱的修箱文件、估价单、客户批复件					

（续表）

工作内容 与职责	序 号		工 作 内 容	需联系的部门	
				公司内部	外 界
	1	1	负责对冷箱班组人员日常工作的领导		
		2	与堆场管理员协调冷冻柜箱位的安排	堆场管理员	
		3	递交放箱指令给操作部	操作部	
		4	与操作部协调冷柜 OVER – DUE 情况，尽量做到先进先出	操作部	
		5	根据生产需要提出冷箱修箱材料和工具的购买计划并负责验收	采购部	
	2	1	根据验箱报告及时制作和发送修理估价单		客户
		2	追踪客户确认并安排人员修理		
		3	将批复文件归档		
		3	负责向财务部上报当月冷冻柜的修洗金额和清单	客户	
	3	1	冷箱班组员工的考核和培训		
		2	其他临时任务		
岗位权限	安排冷箱的检验和维修				
绩效指标	冷箱修箱作业正常运作，修箱速度、质量客户满意率				

 相关知识

一、修箱流程

为了更好地控制好修箱的质量，服务好客户，某公司特制定流程，如图 10 – 1 所示。为了确保各个环节能顺利有效地执行，针对各环节制定相应的制度，对于在执行地过程中发现的问题应及时反馈，以便及时修正，达到最佳期效果。

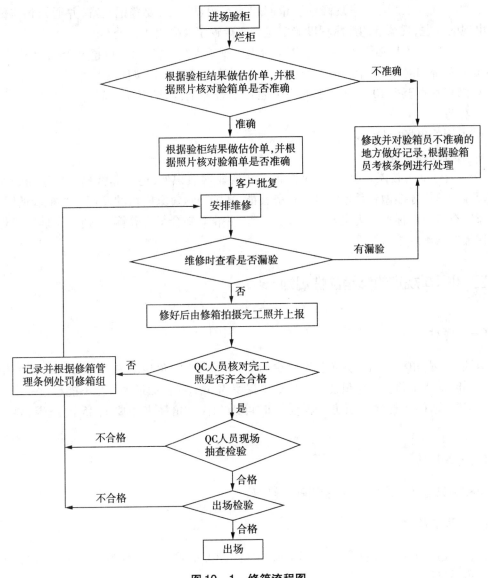

图 10 - 1　修箱流程图

二、质量标准(QC)检查制度

① QC 检查应依靠下列各种方法综合使用。
- 现场抽查。每周每个维修组应不少于一次,每次抽查应不少于 5 个柜。
- 完工照片审核。所有完工照片必须依照施工单进行核对。
- 出场检验。

② 修理质量由各组自行检验合格并将所有维修项目按照要求拍摄完工照片,并在施工单上签名确认完工。

③ 所有完工照片由 QC 人员统一录入计算机存档。在录入过程中,应根据施工单内容逐项核对照片。没有完工照片的一律视为未完工,不计提工资给维修工人。

智慧堆场

④ 如果在完工照片上发现修理质量问题或有明显缺陷,要登记在案,并通知相应修理工所出现的问题,视情节的严重程度确定是否需要返工及做出相应处罚。

⑤ 所有完工照片必须在 24 个工作小时内检查录入系统,最迟不得超过 36 个工作小时。

⑥ 业务部门对 QC 工作考核应每周不少于一次。考核内容包括以下内容。

- 随机抽查至少 10 个已完工的完工照片是否齐全,如果有质量问题是否已采取措施处理。
- 本周的出场检验结果。
- 随机现场抽查。

⑦ 综合性业务技能。QC 除了对修箱工艺要非常熟识外,还要非常熟识每家船公司的检验标准。这样才能做到掌握综合性业务技能,才能熟识每家船东的修理所受检验的限制。对每家船东有新的标准和规定要首先领会掌握,并将其知会每个验箱员,使每个验箱员做到能掌握最新版本的检验标准。

三、IICL5 规定的修箱硬性规则

(一) 角柱

角柱又称门角柱。角柱夹角长度最少为 15 cm,两个夹角相距最少为 15 cm,同一横截面不能同时加 2 个角。距离角柱头位置最少保留 30 cm,横截面最大夹角不能超过一半。前角柱不能割换,门角柱在内层方管没受损时可以割换。角柱夹角要成 45 度烧焊,要内外烧焊。

(二) 角柱头

角柱头只能换新或矫正,不能用补焊修理。

(三) 顶边阵

方管顶边阵夹角或割换最少为 15 cm,相邻间距夹角或割换最少为 15 cm。扁铁顶边阵不能夹角,靠近角柱头位置最少保留 30 cm。

(四) 前顶阵、门顶阵

前顶阵、门顶阵夹角或割换最少为 15 cm,相邻间距最少为 15 cm,靠近角柱头最少保留 15 cm。

(五) 底边阵

底边阵夹角或割换最少长度为 15 cm,相邻间距最少为 15 cm,靠近角柱头最少保留 30 cm。

(六) 门底阵、前底阵

门底阵、前底阵夹角或割换最少长度为 15 cm,相邻间距最少为 15 cm,可以全夹角,靠

近角柱头最少保留 15 cm。

（七）底横阵

底横阵夹角最少为 15 cm，相邻间距最少为 15 cm，不能割换，夹角垂直离上翻子之间距离最少保留 13 mm。

（八）地板

1. 胶合地板

地板割换最少跨 3 条底横陈，保留部分要保留 3 条底横陈。地板之间缝隙不能超过 2 mm，地板钉钉帽要打入地板 2 mm 深。

2. 条木地板

条木地板割换最少跨 3 条底横陈，保留部分也要保留 3 条底横陈。相邻之间接口不能齐平。

（九）旁板或顶板

旁板或顶板补片时，重叠部分至少要有 13 mm。

四、集装箱残损部位代码

（一）代码表

1. 箱体残损的面代码表

箱体残损的面代码表如表 10 - 2 所示。

表 10 - 2　面代码表

名　称	代　码	名　称	代　码
右侧	R	前端	F
左侧	L	门端（即后端）	D
顶部	T	内面	I
底部	B	外面	E

2. 箱体残损的特定部位代码表

对于竖向的面层分为上半和下半；对于水平方向的壁面（如箱顶或箱底）面层则分为左半和右半（视察者面对箱门）。其代码如表 10 - 3 所示。

表 10 - 3　特定部位代码表

名　称	代　码
顶部	H
上半部	T
下半部	B

（续表）

名　称	代　码
底部	G
左半部	L
右半部	R
全部	X

3. 箱体残损的断面分区代码表

① 第 3 位码是对箱体的前端与后端面层按观察者面向箱门时从左至右的顺序代码。其代码如表 10 - 4 所示。

表 10 - 4　断面分区代码表

名　称	代　码	名　称	代　码
左角柱	1	右半部	3
左半部	2	右角柱	4

② 第 4 位码是对箱体的左侧与右侧及顶部和底部面层按纵向等分的区位代码。对 10 ft 和 20 ft 箱，分为 5 等份，顺序为 1 至 5；对 40 ft 箱分为 10 等份，顺序为 1 至 0（1，2，3，…，9，0）。

（二）其他说明

本标准与 GB/T 15119 可配套使用，共同用于描述 EDI 报文中的数据元。

任务实施

（一）涉及工作人员

本任务的实施涉及的工作人员：闸口业务员、验箱员、维修人员、现场操作员。

（二）工作内容

1. 空箱进场管理

① 闸口业务员收回重箱出场单或空箱进场单，经验箱员检查箱况并拍照、记录后，属好箱的可直接安排回海门港集装箱公司堆场，验箱员负责做好交接工作。

② 需修洗的空箱，闸口业务员打印进场单（一式三联），通知现场操作员指定箱位。现场操作员指导正面吊、叉车空箱进场作业，确定箱位并记录。

2. 洗、修箱管理

① 在洗、修箱作业过程中，维修人员必须遵守公司的相关规章制度和操作规程。

② 验箱员根据记录，制订洗、修箱计划，与相应的箱公司进行费用核定，经批准后安排洗、修箱作业。

③ 集装箱洗、修完毕后,必须进行验收,做好标记及记录。

④ 现场操作员协助洗、修箱工作。

⑤ 验收后的好箱由验箱员提供清单交闸口业务员进行堆放策划。现场操作员指导正面吊作业并确定箱位及记录。

3. 空箱出场管理

① 由修洗箱办公室向闸口业务员提供空箱清单,现场操作员审核。空箱清单交海门港集装箱公司箱管办公室一份。

② 由业务员制订移箱计划,通知移箱集装箱卡车、正面吊、叉车移箱作业,并做好与海门港集装箱公司交接工作。

(四) 费用结算管理

① 由修洗箱办公室向业务部提供结算清单及相关材料。

② 修洗箱费用结算按照业务结算流程执行。

数字化运营

选择"作业计划"|"修箱管理"命令,打开"修箱管理"对话框,右边是功能区,对数据进行控制并操作,如图10-2所示。

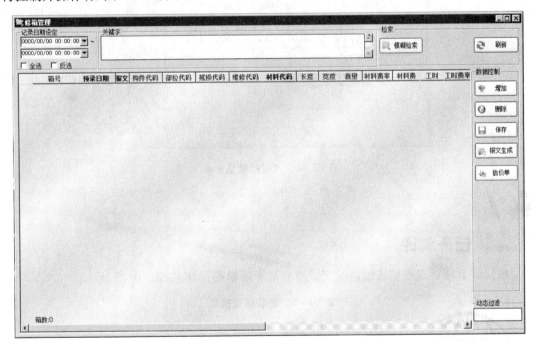

图10-2　修箱管理

第1步　单击"增加"按钮,操作区会出现集装箱的信息填写部分。单击选箱,自动打开"集装箱信息综合查询"对话框,输入集装箱箱号并单击"确定"按钮,如图10-3所示。

图 10 – 3　集装箱信息综合查询

第 2 步　将操作区显示为红色的重要信息填写完整,然后单击"保存"按钮。

第 3 步　选中"估计单"单选按钮,确认无误后即可打印,如图 10 – 4 所示。

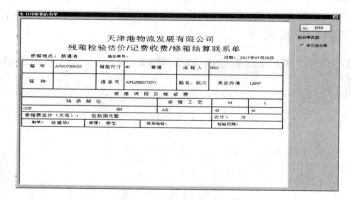

图 10 – 4　残箱检验估价单

任务测评

根据以下理货残损单残损情况完成所有箱子的修箱操作,如表 10 – 5 所示。

表 10 – 5　集装箱残损单

珠海外轮理货有限公司
ZHUHAI OCEAN SHIPPING TALLY CO.,LTD
集装箱残损单
BROKEN&DAMAGED CONTAINER LIST
装 Loading/卸 Discharging

船名:　　　工作时间:　　　年　月　日　　　至　　　年　月　日

（续表）

VESSEL Working Time（y）（m）（d）（to）

序号	集装箱号 Container No.	尺码 Size No	铅封号 Seal No：	状 态 Status	残损情况 Damage Condition
1	CLHU8917446	40	589674	重	集装箱左侧壁板 1/10 处腐蚀 10 cm × 10 cm
2	TEXU2986863	20	489362	重	集装箱左侧壁通风器堵塞
3	AMFU850330	20	258963	重	集装箱右侧壁板 1/4 处破洞 7 cm × 3 cm
4	GESU3493950	20	842659	空	集装箱顶部壁板 1/7 处破洞 10 cm × 10 cm
5	TGHU8817843	20	357951	重	集装箱后门门楣弯曲
6	MSCU8711146	40	456852	重	集装箱前门右侧角件断裂
7	FSCU6286483	20	748596	重	集装箱箱顶拱梁凹损
8	CLHU8369506	40	365214	重	集装箱前门端壁变形
9	TGHU8722429	40	125896	重	集装箱后门 2/10 处铰链松动

附录 A

海丰集装箱适货标准

1. 引言

1.1 总述

- 这些标准用于所有集装箱的检验。
- 标准中没有详述的项目均受此总述约束,除非需要修理。
- 列出的公差/允许损害被选中,以确保集装箱维修的同时最大限度地减少二次修复,从而维持寿命。
- 修复方法应该最经济且最适合特定的维修位置。

1.2 可接受的残损

以下损伤不需修复。

- 所有翼板损坏,除去焊接连接部位的损坏。
- 侧板超出 ISO + 20 mm 和门端超出 ISO + 15 mm 的变形;顶板超出 ISO + 15 mm 的变形。
- 顶侧梁向侧面突出 20 mm 和向顶面突出 15 mm 的变形。
- 底侧梁向侧面突出 20 mm 的变形。
- 以前的维修不应被返工,除非该集装箱的结构完整性受到损害,或者它不适合装货。

1.3 不可接受的损伤

以下损坏必须修复。

- 违反国际集装箱安全公约(1972 年,经修订 CSC),集装箱的安全受到影响。
- 违反海关公约。
- 内部高度尺寸减少超过 50 mm 或大于超过 50 mm。
- 该集装箱不适合装货。
- 焊缝存在裂缝。
- 腐蚀不因油漆造成,从而导致结构完整性的丧失。
- 翼板裂缝延伸到腹板。
- 污垢或污渍超出了最新 IICL 指南集装箱清洗规定的限度。

1.4 磨损和撕裂

这被定义为不可避免的变化或通过常规操作使用所带来的集装箱状况的损坏,并包括以下情形。

- 一般油漆变质。
- 门胶条和配件的恶化。
- 由门的固定安装引起的损坏。
- 由货物装卸周期导致的地板层裂。

1.5 制造缺陷

制造缺陷或涉嫌制造缺陷报告给业主。

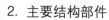

2. 主要结构部件

部　件	损　坏	推荐的维修方法
2.1　梁,门上梁,门下梁		
顶侧梁	凹进、剪切、撕裂、破碎、破裂变形超过 30 mm	焊接或校直、调焊、挖补、部分替换、完全替换
底侧梁 – 腹板翼板	凹进、剪切、撕裂、破碎、破裂变形超过 50 mm 它延伸到腹板	焊接、调焊、挖补、部分替换、完全替换
前、后顶梁	凹进、剪切、撕裂、破碎、破裂变形超出为 40 mm 如果干扰门操作	焊接、调焊、挖补、部分替换、完全替换
前、后门槛翼板	翼板孔眼、切、撕裂、破碎、破裂变形超逾 50 mm;影响门的操作;残损延伸到腹板	焊接、调焊、挖补、部分替换、完全替换
2.2　角柱		
角柱角件	剪切、撕裂、破碎、破裂凹痕超过 25 mm;弯曲、弯曲或变形,如果端部超过角件表面 15 mm; 侧面超过角件表面 20 mm;影响扭锁的操作	焊接、调焊、挖补、部分替换、完全替换
2.3　底部结构		
叉槽及鹅颈组件	与地板间隔超过 15 mm 或地板钉失效; 腹板弯曲撕裂,孔洞割伤破裂超过 500 mm 或延伸到下部焊缝;翼板与底侧梁连接处破裂,孔洞撕裂延伸到腹板; 鹅颈装配弯曲和凹进低于角件下平面 50 mm 以上的;插槽盖板弯曲、剪切、撕裂、撕断或高出超过 50 mm;两鹅颈梁间距尺寸减少至低于 ISO(最小 1 029 mm)范围	校直、焊接、校直和焊接、挖补、切换、替换
底横梁	凹进、撕裂、破碎、破裂、切、缺失、腹板变形超过 75 mm; 凸缘与地板间隔超过 15 mm。弯曲超过角件的下表面	焊接、调焊、挖补、校直切换、完全替换

3. 其他组件

部　件	损　坏	推荐的维修方法
3.1　地板		
地板	割伤的深度超过 15 mm 不考虑长度; 6 mm 以上深和大于 150 mm 宽,不论长度; 分层或其他损害(影响地板的强度); 相邻地板高度差超过 10 mm; 孔洞(不是钉洞); 新鲜的油污; 残留碎片或沙/泥;清晰可见的浮灰; 虫害	切换或换新固定销钉(最大直径 25 mm) 化学清洗 水洗或消除 洗或消除
地板钉	凸出 3 个或多个相邻的断裂/脱落、丢失	重新紧固,重新拧紧或更换

（续表）

部　件	损　坏	推荐的维修方法
3.2　门端		
门组件,包括锁杆、手柄、导架、锁座、导轨、支架、凸轮、铰链、销,以及其他相关部件	门胶条及挡水胶条凹进、剪切、撕裂、破裂、破损;任何变形,如弯曲、弓、凹痕等; 冻结或僵硬; 不防水或不透光; 硬件松动或缺失	焊或调焊、更换、挖补 操作或固定受损,或者如果超过 ISO 外形尺寸,则应维修 如果门操作或固定受损,则应维修修复 如果不透光或防水,则应维修
∫型板	剪切、撕裂、破碎、破裂、变形或者影响门操作或超过 ISO 外形尺寸	焊接或校直、挖补
铭牌	松动或丢失	重新扎紧或更换
3.3　板		
侧板顶板端板	内部尺寸较少 50 mm 凹进、撕裂或切开 变形超过角件外表面 20 mm	校直、调焊、焊接、切换和替换
固货环	断裂、破裂或缺失或无功能性	焊接、更换、拉直
面板表面	油性、黏污垢、黏合颗粒污染物,清晰可见的浮灰、胶带、捆扎带;气味;涂鸦;外来标记(大于 100 mm×100 mm);内部侧板连续擦伤超过 1 000 mm×1 000 mm;通风器损坏、松动、丢失、失效	清除或油漆;打磨或重新油漆;更换
ISO 标贴	遗失或难以辨认	更换
雨水槽	损伤影响门的操作或超过角件外表面 15 mm	拉直或清除
危险剩余标签	面板上	去除

4. 开顶箱

所有干箱检验标准适用于开顶箱,除非另有说明。

部　件	损　坏	推荐的维修方法
顶侧梁和前后端上梁	凹进、剪切、撕裂、破碎、破裂变形超过 50 mm 或门上梁摆动操作,固定受损	校直或焊接,整理或焊接、挖补、部分或全部替换
排水槽和端部延伸板	篷布扎紧后不防水	校直或焊接、整理或焊接、挖补、部分或全部替换
顶杠或顶杠插孔	不相互配合	修复
篷布	6 mm 以内孔洞	打胶
	撕裂、安装的时候丢失; 安装后不防水	按照 IICL 方法补丁或更换。如果更换更经济,则更换
篷布环和绳环	缺失或错位	修复
海关绳(钢丝绳)	钢丝切断; 篷布紧闭后不能串起来; 绳子不够长	修理
	保护皮割伤	不修理
	最后一段(绳头)不能紧固	修理或更换绳头(最后一段必须符合 TIR 要求)

5. 重点 & 允许的修理

- 嵌补。距角件 250 mm 内的梁、门槛、角柱、隧形支撑物允许使用方形、菱形和部分嵌补。

- 焊接。所有的开裂和破损的焊缝必须重新焊接修复；在矫正前需服从 SITC（海丰）的判断。

- 胶合地板。板地板更换，要至少跨越 3 根底横梁。例如：

  1. 3 根底横梁。

  2. 前端或后端的两底横梁。

  3. 插槽部分两底横梁。

  必要时进行全长替换。局部替换是允许的，只要边缘完全密封，断面被适当地固定。

- 板。

  1. 板的所有允许的矫正优先使用千斤顶进行，切勿使用球喷丸或其他圆头锤子矫正组件。无论使用什么方法，不能使组件的结构完整性产生不利影响，也不限制它的安全操作。在完成修复时必须美观，成形的涂料膜损坏修复，不涂层区和涂层区必须分开。

  2. 钢板可以通过打补丁修复，补丁四周重叠 25 mm。受损区域进行修复允许嵌补，但是成本不得大于挖补。

  3. 板（顶板、侧面、端板）的检验标准是侧板内波纹间距减少 50 mm 或顶板到地板的间距减少 50 mm，或者凹痕超过角件外平面 20 mm。

- 门组件。

  门组件包括锁杆、手柄、锁盖和锁座、凸轮、凸轮座、销轴、垫片、护条和其他相关组件，以及任何变形，如弯曲、弓形、凹痕等。如果门操作或固定不被损坏，并且不超过 ISO 外形尺寸，以及防水和不透光，就不需要维修。

- 清洁准则。清洁标准参照 IICL 清洗检查指导。

  油污测试：按下清洁干燥的白色餐巾纸，如果没有明显的新鲜残留，就是可以接受的；如果有明显新鲜污渍转移，就是不可接受的，需要修理。

  肮脏测试：把餐巾纸放在地板上，如果下部分有明显的灰尘，则应用水冲洗，否则认为是合理的。

  轮胎染色：如果是干的，则是可接受的；如果潮湿或者油腻或泥泞，则无法接受，那么冲洗是必要的。

- 一般部分。

  1. 集装箱必须符合 CSC 国际集装箱安全公约和 TIR 海关公约。

  2. 尽可能地采用简单的维修方法，如矫直或焊接，而不是嵌补或者镶块儿或更新来完成。

  3. 每个维修必须符合最新的 IICL 维修标准，除非业主另有指示。

  4. 镶块儿的最小长度为 150 mm。嵌补部位到部件末端无最小距离。

  5. "不正确"的维修。结构仍然安全及可使用的不得返工，但是很明显的旧有和现有维修不当，则应注意在设备交接单或进场时的估价单上标注。

  6. 制造缺陷或涉嫌制造缺陷和照片时，要向海丰货场办公室进行报告。

附录 B

中国外运阳光速航运输有限公司适货检验标准

一、DAMAGED(破损)

1. 底部结构

a / 底横梁

底横梁丢失(如果集装箱过于老旧,请阅自然磨损部分) ························· 更换

如底横梁与底边梁焊接处有破损

少于75% ···························· 不修理

多于75% ···························· 修理

腹板横向破裂少于 500 mm ············· 不修理

腹板纵向破裂至横梁下折边处 ············· 修理

底横梁下凸缘破裂 ···················· 不修理

弯曲变形(如底横梁仍被固定在底架上,无限制) ············· 不修理

向下变形超出 ISO 少于 10 mm ············· 不修理

b / 插槽(插槽侧梁及腹板)

损坏标注同底横梁

插槽梁变形影响叉车正常作业 ············· 修理

c / 插槽封口板

焊道破损多于总长度的 75% ············· 修理

丢失 ···························· 修理

变形影响叉车正常作业 ············· 修理

如果箱况较老旧,请参照自然磨损部分

c / 插槽封口板

2 / bottom and top side rail(底/顶边梁)

a / 底边梁

折边破裂 ···························· 不修理

底横梁间腹板破损 ···················· 不修理

沿角件破裂小于 50 mm(尽量打正焊接) ············· 修理

沿角件破裂大于 50 mm ············· 修理

折边变形(只要安全) ············· 不修理

腹板变形向内大于 50 mm,向外超 ISO 20 mm ············· 修理

b / 顶边梁

向内变形 30 mm(并另参阅顶板) ············· 修理

向外变形超 ISO 20 mm ············· 修理

破损或破裂　……………………………………………………… 修理

3 / front bottom rail(前底梁)

向内变形但地板无问题　………………………………………… 不修理

破裂及变形超出 ISO 20 mm　…………………………………… 修理

腹板破裂(仅当危及安全时修理)

前底梁与角件焊接处破裂

　　　　　　　小于 50 mm　……………………………………… 不修理

　　　　　　　大于 50 mm　……………………………………… 修理

4 / rear sill(门底梁)

门底梁与角件焊接处破裂

　　　　　　　小于 50 mm　……………………………………… 不修理

　　　　　　　大于 50 mm　……………………………………… 修理

　　　　　　　变形影响门开关……………………………………… 修理

5 / side panels(front panels)(前端板及侧板)

内波向内变形大于 50 mm　……………………………………… 修理

外波向外变形超 ISO 40 mm　…………………………………… 修理

小的破裂:

　　　　10 年以上箱及自备箱　…………………………… 尽量焊接,不贴补

　　　　新箱和租箱　……………………………… 做标准打正焊接或贴补

应该尽可能做"校直"和打正,相信这种方式比将板材或部件割开修理要好

6 / doors(门端)

双门的把手或把手托架　………………………………………… 必须牢固可用

锁杆小托架损坏但不影响门开关……………………………………… 不修理

左门把手搭扣变形破裂　………………………………………… 不修理

全部锁件(如果门开关无问题,光密水密)　…………………… 不修理

J 型柱不影响门开关　…………………………………………… 不修理

如果要修理,则尽量整形

超出 ISO 大于 10 mm　………………………………………… 打正

门密封条必须检查,并重点注意其内侧

门密封条必须光密水密

如果密封条外缘破裂但内缘良好并水密……………………………… 不修理

(如果需要修理,则尽量封胶,不做更换)

7 / floor(地板)

地板必须适货。

自备箱和箱龄较长的箱(10 年以上)可用铁板贴补或者用玻璃纤维或树脂填充。

脱层及有较深托痕的地板,如果仍适货并可承受货物质量,则不需修理。

地板断裂从表面看有明显的压痕,属于货物造成的新残者需要修理。

地板相邻高度差超过 13 mm,则紧固修理。

8 / roof(顶板)

　　向内变形大于 70 mm ……………………………………………………… 修理

　　向外变形大于 ISO 40 mm ……………………………………………… 修理

9 / corner post 角柱

　　凹陷超过 30 mm ……………………………………………………… 修理

　　外凸超过 ISO 20 mm ……………………………………………… 修理

二、CLEANING(清洁)

危标 ……………………………………………………………………… 清除

无法识别的标贴 ………………………………………………………… 不修理

通风口的胶带 …………………………………………………………… 不修理

地板上的钉子 …………………………………………………………… 清除

侧板上的胶(如果已经干燥) …………………………………………… 不修理

小段绳索／铁丝 ………………………………………………………… 不修理

残留货物 ………………………………………………………………… 清除

三、CLEANING CRITERIA(清洁标准)

多数情况只要清扫即可。

必须减少使用蒸气洗,尽量使用水洗。

干油不需清洗,少量油迹的话可做打磨处理。

食品等级的集装箱不可做油漆修补,必须选用最好的集装箱。

四、WEAR AND TEAR [on old(own & leased)containers]、[自然磨损(旧箱－自有及租箱)]

- 不可使用检验榔头大力敲击,要轻轻测试。
- 不做任何防护性维修。
- 不做油漆及油漆修补。

1 / side and roof panels(侧板及顶板)

　　修理方式取决于集装箱仍可能使用的时间长短。

- 如果少于 1 年,尽量补焊或用小补片贴补。
- 如果多于 1 年,使用钢材贴补。

　　顶板贴补必须按正规工艺修理。

2 / front sill／rear sill and bottom side rail(前底梁/门底梁及底边梁)

　　所有折边锈蚀………………………………………………………… 不修理

　　所有旧的嵌补产生锈蚀,如果仍可承重 ………………………… 不修理

3／doors（门端）

门框靠近铰链的小洞…………………………………………………… 补焊修理

如果门板底梁、CSC牌、门密封条/压条、侧板严重锈蚀或状况很差,则必须使用最小、最简单修理方式。

4／cross members and fork pocket side（底横梁及插槽侧梁）

所有旧的嵌补产生锈蚀,如果仍可承重 …………………………………… 不修理

如果底架状况很差,则:

- 如果情况危及安全,应停止使用。
- 如果仍然能够使用,应保证承重。

如果旧箱需要更换插槽封口板,但是需要在插槽侧梁或底边梁做嵌补,我们建议使用较长的封口板焊接到底边梁折边上。

总则

——箱体上无洞。

——无开裂(以上提及的除外)。

——锈烂必须能经受锤子敲击。

——非标修理必须在修理估价单上标注。

——保证箱体质量的前提下,采取最为经济的修理方法。

验箱应注意事项

1. 地板小面积损坏不影响强度,不需要修理。

2. 地板钉过铁皮的无须处理。

3. 地板损坏需拍底部和上部相片,以便客户确认。

4. 底横梁任何变形不用修理,除非影响切换地板的安装。

5. 门部结构的各组件无丢失,任何变形不影响开关门,则不用修理。

6. 门封条损坏不用修理(除上面)。

新残责任划分

1. 门部任何损坏(除部件丢失)全部属于原残。

2. 侧板破洞(除锈洞、焊缝裂开外)属于新残。

3. 梁和四周板变形根据实情区分,只要变形不影响下次使用,就可不用修理。

4. 地板损坏属于新残。

5. 箱内任何污箱属于原残(大量陶土除外)。

煤炭箱适货检验标准

1. 底部结构不需要查验,任何损坏不用修理。

2. 底侧梁、端底梁变形不修。

3. 箱体上有破洞、漏光、漏水修理。

4. 门部组件丢失修理,变形、弯曲不影响开关门则不修。

5. 箱内地板、内壁有白色粉末需要修理,除石粉箱外其他污染不用修理。

6. 地板突起断裂损坏修理,其他损坏不修。

7. 集装箱侧板、前板、顶板任何变形不修。

附录 C

中外运箱运公司适货检验标准

ISO 尺寸

——K1、K2 不可变。超过其余 ISO 尺寸推荐值直至 20 mm。

所有的箱板

——变形使箱内尺寸减少 50mm。

角柱

——凹直到 30 mm。

顶侧梁

——凹直到 35 mm。

前顶梁

——凹直到 35 mm。

后顶梁

——凹直到 35 mm。

底梁

——凹直到 50 mm(凸缘无限制)。

——除底侧梁外的凸缘裂开直到腹板。

底横梁、支梁、叉槽、鹅颈槽部件

——凹直至 75 mm(凸缘无限制)。

——腹板水平裂开直到 500 mm。

——凸列缘裂开直到腹板。

地板(内部)

凹槽——深 15 mm,宽 150 mm,或者深 6 mm,宽超过 150 mm。

相邻高度——13 mm。

箱门

——可开关,光密、水密和密封。

——门部件无丢失。

雨槽

——不影响门操作。

J 型条柱

——不影响门的操作。

通风器

——有效、水密。

总则

——箱体上无洞。

——无开裂。

——锈烂必须能经受锤子敲击。

——清除所有危险品标记。

——无危险品残渣。

——非标修理必须在修理估价单上标注。

以上内容没有提及的,按最新版本的 IICL 验箱标准执行。

附录 D

危险货物包装标志 GB 190—90

1. 主要内容与适用范围

本标准规定了危险货物包装图示标志(以下简称标志)的种类、名称、尺寸及颜色等。本标准适用于危险货物的运输包装。

2. 引用标准 GB 6944 危险货物分类和品名编号 GB 12268 危险货物品名表

3. 标志的图形和名称

标志的图形共 21 种,19 个名称,其图形分别标示了 9 类危险货物的主要特性(见表)。标志图形须符合标志 1—21 的规定(见表)。

标志号	标志名称	标志图形	对应的危险货物类项号
标志 1	爆炸品	 **1.5** 爆炸品 1 (符号:黑色,底色:橙红色)	1.1 1.2 1.3
标志 2	爆炸品	 **1.4** 爆炸品 1 (符号:黑色,底色:橙红色)	1.4
标志 3	爆炸品	 **1.5** 爆炸品 1 (符号:黑色,底色:橙红色)	1.5

（续表）

标志号	标志名称	标志图形	对应的危险 货物类项号
标志4	易燃气体	 （符号:黑色或白色,底色:正红色）	2.1
标志5	不燃气体	 （符号:黑色或白色,底色:绿色）	2.2
标志6	有毒气体	 （符号:黑色,底色:白色）	2.3
标志7	易燃液体	 （符号:黑色或白色,底色:正红色）	3
标志8	易燃固体	 （符号:黑色,底色:白色红条）	4.1

标志号	标志名称	标 志 图 形	对应的危险货物类项号
标志9	自燃物品	 （符号:黑色,底色:上白下红）	4.2
标志10	遇湿易燃物品	 （符号:黑色或白色,底色:蓝色）	4.3
标志11	氧化剂	 （符号:黑色,底色:柠檬黄色）	5.1
标志12	有机过氧化物	 （符号:黑色,底色:柠檬黄色）	5.2
标志13	剧毒品	 （符号:黑色,底色:白色）	6.1

标志号	标志名称	标 志 图 形	对应的危险货物类项号
标志 14	有毒品	 （符号:黑色,底色:白色）	6.1
标志 15	有害品 （远离食品）	 （符号:黑色,底色:白色）	6.1
标志 16	感染性物品	 （符号:黑色,底色:白色）	6.2
标志 17	一级 放射性物品	 （符号:黑色,底色:白色,附一条红竖条）	7
标志 18	二级 放射性物品	 （符号:黑色,底色:上黄下白,附二条红竖条）	7

标志号	标志名称	标 志 图 形	对应的危险货物类项号
标志 19	三级放射性物品	三级放射性物品 Ⅲ 7 （符号:黑色,底色:上黄下白,附三条红竖条）	7
标志 20	腐蚀品	腐蚀品 8 （符号:上黑下白,底色:上白黑下）	8
标志 21	杂类	杂类 9 （符号:黑色,底色:白色）	9

注:表中对应的危险货物类项号及各标志角号是按 GB 6944 的规定编写的。

4. 标志的尺寸、颜色

4.1 标志的尺寸

标志的尺寸一般分为 4 种,见表。

尺寸号别	长	宽
1	50	50
2	100	100
3	150	150
4	250	250

注:如遇特大或特小的运输包装件,标志的尺寸可按规定适当扩大或缩小。

4.2 标志的颜色

标志的颜色按标志 1~21 规定。

5. 标志的使用方法

5.1　标志的标打,可采用粘贴、钉附及喷涂等方法。

5.2　标志的位置规定如下:

　　　箱状包装:位于包装端面或侧面的明显处;

　　　袋、捆包装:位于包装明显处;

　　　桶形包装:位于桶身或桶盖;

　　　集装箱、成组货物:粘贴四个侧面。

5.3　每种危险品包装件应按其类别贴相应的标志。但如果某种物质或物品还有属于其他类别的危险性质,包装上除了粘贴该类标志作为主标志以外,还应粘贴表明其他危险性的标志作为副标志,副标志图形的下角不应标有危险货物的类项号。

5.4　储运的各种危险货物性质的区分及其应标打的标志,应按 GB 6944、GB 12268 及有关国家运输主管部门规定的危险货物安全运输管理的具体办法执行,出口货物的标志应按我国执行的有关国际公约(规则)办理。

5.5　标志应清晰,并保证在货物储运期内不脱落。

5.6　标志应由生产单位在货物出厂前标打,出厂后如改换包装,其标志由改换包装单位标打。

附加说明:

本标准由中华人民共和国铁道部提出。

本标准由铁道部标准计量研究所归口和负责起草。

本标准 1963 年 10 月首次发布,1973 年 9 月第一次修订,1985 年 6 月第二次修订。

本标准主要起草人张锦、王巨钢。

本标准委托铁道部标准计量研究所负责解释。

附录 E

危险货物隔离表

类　项	1.1、1.2、1.5	1.3 1.6	1.4	2.1	2.2	2.3	3	4.1	4.2	4.3	5.1	5.2	6.1	6.2	7	8	9
爆炸品　1.1 1.2 1.5	*	*	*	4	2	2	4	4	4	4	4	4	2	4	2	4	×
爆炸品　　1.3 1.6	*	*	*	4	2	2	4	3	3	4	4	4	2	4	2	2	×
爆炸品　　　1.4	*	*	*	2	1	1	2	2	2	2	2	2	×	4	2	2	×
易燃气体　　2.1	4	2	2	×	×	×	2	1	2	×	2	2	×	4	2	1	×
无毒不燃气体　2.2	2	2	1	×	×	×	1	×	1	×	1	2	1	2	1	×	×
有毒气体　　2.3	2	2	1	×	×	×	2	1	2	×	2	2	1	2	1	×	×
易燃液体　　3	4	4	2	2	1	2	×	×	2	1	2	2	×	3	2	×	×
易燃固体　　4.1	4	3	2	1	×	1	×	×	1	×	1	2	1	3	2	1	×
易自燃物质　　2	4	3	2	2	1	2	2	1	×	1	2	2	1	3	2	1	×
遇湿易燃物品　4.3	4	2	2	×	×	×	1	×	1	×	2	2	×	2	2	1	×
氧化剂　　　5.1	4	4	2	2	1	2	2	1	2	2	×	2	1	3	1	2	×
有机过氧化物　5.2	4	4	2	2	1	2	2	2	2	2	2	×	1	3	2	2	×
毒害品　　　6.1	2	2	×	×	×	1	×	1	1	×	1	1	×	1	×	×	×
感染性物质　6.2	4	4	4	4	2	2	3	3	3	2	3	3	1	×	3	3	×
放射性物质　7	2	2	2	2	1	2	2	2	2	2	1	2	×	3	×	2	×
腐蚀品　　　8	4	2	2	1	×	×	X	1	1	1	2	2	×	3	2	×	×
杂类危险物质和物品 9	×	×	×	×	×	×	×	×	×	×	×	×	×	×	×	×	×

注:表中的数码系指"水路危规"中2.2.2至2.2.1.1.4小节中定义的下列术语:

1——"远离"(距离不少于3 m)

2——"隔离"

3——"用一整个舱室或货舱隔离"

4——"用一介于中间的整个舱室或货舱作纵向隔离"

×——无一般隔离要求

＊——见"水路危规"第1类引言隔离一节

注2:港口储存危险货物,其隔离数码分别表示:

库内:　　　　　　　场地:

1——相距3m　　　　1——相距3m

2——分库房　　　　2——相距10m

3——中间隔一个库房　3——相距30m

注3:本表中1.1—9是指"水路危规"中危险货物的分类、分项。

参 考 文 献

[1] 徐子奇,赵宁,班宏宇.无水港数字化运营管理[M].上海:上海科学技术出版社, 2016.

[2] 杜学森,等.集装箱码头操作与管理实训[M].北京:中国劳动社会保障出版社, 2009.

[3] 孙铮,张明齐.港口企业装卸实务[M].北京:对外经济贸易大学出版社,2011.

[4] 张敏.码头业务操作实训[M].北京:中国财富出版社,2014.

[5] 齐延才.集装箱物流操作实务[M].大连:大连海运学院出版社,2007.

[6] 李凤英.港口生产组织[M].北京:人民交通出版社,2008.

[7] 杨茅甄.港口企业装卸实务[M].北京:中国物资出版社,2009.

[8] 宗蓓华,真红.港口装卸工艺学[M].北京:人民交通出版社,2003.

[9] 包起帆,罗文斌.港口物流前沿技术研究与实践[M].北京:人民交通出版社,2009.

[10] 刘善平.港口装卸工艺[M].北京:人民交通出版社,2010.

[11] 宋德驰,等.中国港口与运输实务[M].北京:人民交通出版社,1999.

[12] 于汝民.集装箱码头经营管理[M].北京:人民交通出版社,1999.

[13] 杨茅甄,中国港口协会.散货港口管理实务[M].上海:上海人民出版社,2010.

[14] 杨茅甄,中国港口协会.件杂货港口管理实务[M].上海:上海人民出版社,2009.

[15] 孙家庆,杨旭.国际货运代理风险规避与案例分析[M].北京:科学出版社,2009.

[16] 公双雷.物联网环境下集装箱堆场管理系统解决方案[OL]. http://www. xzbu. com/3/view-4313255. htm.

[17] 徐小凤.物联网在港口运营中的应用探析[J].中国水运,2011,11(1):26-27.

[18] 周敏,师源,徐祯炜,等.基于物联网的供应链管理应用研究[J].价值工程,2010, 26(9):37-38.

[19] 史琳.基于RFID技术的铁路集装箱实时查询系统的研究与实现[D].北京:北京交通大学,2008.

[20] 丁以中,费红英,韩晓龙.港口集装箱流研究现状与分析[J].上海海运学院学报, 2004,25(2):45-54.

[21] 杨玫.青岛前湾集装箱码头堆场管理策略研究[D].大连:大连海事大学,2006.

[22] GAUKLER G M. RFID in supply chain management[D]. Stanford：Stanford University,2005.